# Negación, confrontación, obsesión y retorno

## Cuatro obras de teatro breves

María Teresa H. de Holcomb, PhD

Traducido por Marco Batta

ISBN-13:978-1543224160
ISBN-10:1543224164

*A mi esposo, ese maravilloso joven al que conocí hace muchos años en la universidad.*

# Índice

# Una familia en negación

## Personajes

WILLIAM: un papá al final de sus treintas

ARLENE, una mamá a mitad de sus treintas

BETTY, su hija de trece años

DEANA, su hija de once años

PEDIATRA, en la mitad de sus cincuentas

PSIQUIATRA, a la mitad de sus sesentas

## Ubicación

Denver, Colorado.

## Fecha

En la actualidad.

# ACTO I

## Escena 1

*Las luces se encienden. William, Arlene, Betty y Deana están sentados en la mesa del comedor.*

ARLENE: (*irritada*)
William, ¿por qué prometes llevarme de compras y al final siempre lo cancelas porque tienes que trabajar? No es justo. ¡Eres un egoísta!

WILLIAM: (*golpea la mesa con el puño*)
Arlene, tengo que trabajar horas extras por la forma en que gastas el dinero. Sí, sí, para pagar tus extravagantes salidas de compras.

ARLENE: Bueno, los esposos de mis amigas sí son capaces de ganar suficiente dinero para satisfacer las necesidades de sus esposas.

WILLIAM: Yo no soy como sus esposos. Son unos blandengues.

ARLENE: Si son unos blandengues, a lo mejor tú eres un machista... (*mira a las niñas, que están calladas y tienen la cabeza inclinada.*) Y ustedes niñas, ¿por qué están inclinadas sobre el plato? ¡Siéntense rectas!

WILLIAM: Ya vamos a empezar. Si no me estás molestando a mí, estás molestando a las niñas. Quizás deberías fijarte más en tu propia alma.

ARLENE: Bueno, al menos tengo una.

*William se pone de pie de pronto, camina hacia su esposa y, apuntándole con el dedo, le dice:*

WILLIAM: Lo único que haces es molestar y quejarte de las niñas.

*Sale del comedor caminando rápido.*

BETTY: (*con timidez*)
Mamá, ¿nos podemos ir?

ARLENE: Sí, váyanse. ¡Lárguense!

*Betty y Deana salen del comedor en silencio con la cabeza agachada.*

*Las luces se apagan.*

# Escena 2

*Las luces se encienden. Toda la familia está sentada en el cuarto de estar.*

WILLIAM: Arlene, ¿por qué no recogiste mis camisas de la tintorería? Te dije hace varios días que las necesitaba. Tengo que hacer una presentación muy importante en el trabajo.

ARLENE: Se me olvidó. Tengo muchas cosas que hacer en la casa. ¿A ti nunca se te olvida nada?

WILLIAM: Sí, pero no tan seguido.

ARLENE: Sí, sí, ¡claro! Te voy a decir qué se te olvida. Se te olvida decir "por favor", "gracias" y que soy importante para ti.

WILLIAM: Sí, te quiero, pero a veces...

ARLENE: A veces, ¿qué?

WILLIAM: No empecemos a discutir otra vez. Las niñas están...

BETTY: (*hablando con suavidad*)
Mamá y Papá, no me gusta que discutan así.

DEANA: (*con voz serena*)
Mami, Papi, no me gusta oírlos hablar así.

ARLENE: (*mirando a su esposo*)
Niñas, simplemente es imposible vivir con su Papá. ¡Me molesta tanto, que ya no lo aguanto!

BETTY:    Pero, Mami, nosotras los queremos a los dos
          y nos gustaría que se quisieran entre ustedes.
          Queremos verlos de buen humor.

DEANA:    Queremos que tú y Papi se hablen bonito.
          Nos pone tristes ver que se hablan tan feo.

*Las luces se apagan.*

# Escena 3

*Las luces se encienden. Betty y Deana están jugando con unos Legos en el cuarto de estar a la izquierda del escenario, y William y Arlene están en el comedor, en la parte derecha del escenario.*

ARLENE: William, la semana pasada me llamaste dos veces para decirme que llegarías tarde a cenar. Estoy segura de que te estás yendo a la hora feliz con esa secretaria coqueta. Con ella sí estás a gusto, ¡pero conmigo nunca!

WILLIAM: Me pregunto por qué.
*Sale.*

BETTY Los papás de mis amigas se llevan bien entre ellos. Incluso se dan besos. Los he visto. ¿Por qué ustedes no pueden ser así?

*Las luces se apagan.*

# Escena 4

*Las luces se encienden. Arlene está en el comedor. Betty y Deana entran. Arlene pone en la mesa un plato cubierto.*

ARLENE: Niñas, ya está la cena. Voy a recoger a su Papá.

*Sale del escenario mientras las niñas se sientan en el comedor.*

BETTY: Seamos sinceras. A lo mejor se están peleando siempre por nuestra culpa. También, no hay que olvidarnos de no hablar con la boca llena y de ponernos la servilleta en las piernas.

DEANA: De acuerdo, de acuerdo.

*Arlene entra. William la sigue.*

ARLENE: ¡Siéntense y coman!

*Las niñas se sientan lo más rápido que pueden y agachan la cabeza.*

ARLENE: ¿Por qué no hablan?

DEANA: (*resistiéndose*)
Tenemos comida en la boca y no queremos que se enojen.

WILLIAM: A ver, Arlene, ¿por que deberían decir algo? Todo lo que les damos son enojos y palabras ofensivas.

ARLENE: ¡Cállate, William! Deana, últimamente has estado poniendo la música muy fuerte. ¿Qué te pasa?

WILLIAM: Es muy sencillo: no quiere oírte. Niñas, antes de irse a dormir, vengan a darnos el beso de las buenas noches como en los viejos tiempos.

BETTY: Mamá y Papá, los queremos.

# Escena 5

*Pocas horas más tarde. La recámara de Betty y Deana*

*está a la izquierda del escenario, ligeramente iluminada. Las niñas se cepillan el pelo, acomodan sus muñecos de peluche y leen mientras se preparan para dormir. Una luz a la derecha del escenario ilumina el cuarto de William y Arlene. William agita una hoja de papel mientras la pareja discute. Betty y Deana miran hacia el lugar de donde vienen los gritos y retiran la mirada varias veces.*

WILLIAM: Mira el estado de cuenta de la tarjeta de crédito. Lo único que haces es gastar y molestar.

ARLENE: Sí, sí, y tú lo único que haces es trabajar. Nunca me prestas atención.

WILLIAM: Sí, trabajo para pagar tus cuentas.

ARLENE: William, ¡escúchame! ¿Te das cuenta de que pasas más tiempo con tu computadora que conmigo?

WILLIAM: La computadora no me molesta todo el tiempo.

*Una luz sigue a Betty que sale de su recámara y cruza el escenario para tocar en la puerta de sus papás. La luz que ilumina a William y Arlene baja de intensidad.*

BETTY: ¿Mamá? ¿Papá? ¿Puedo pasar?

*Abre la puerta un poco. Las luces iluminan a William y Arlene, mostrando al primero sujetando a Arlene por el cuello. Ella pone las manos en el pecho de él y lo empuja.*

*Betty cierra la puerta. La luz que ilumina a William y Arlene baja de intensidad, mientras Betty, aturdida, atraviesa el escenario a tropezones para volver a su recámara. Las luces iluminan la recámara de las niñas.*

BETTY:    Deana, ¿por qué apagaste la luz? No puedo ver.

DEANA:    Yo no las apagué.

*Betty trata de guiarse con las manos extendidas. Deana, asustada, cruza el centro del escenario hacia el cuarto de sus papás. Deana toca la puerta. Las luces que iluminan a William y Arlen siguen con poca intensidad.*

DEANA:    ¡Algo le pasa a Betty!

VOZ DE WILLIAM: Arlene, me voy a ir y nunca voy a volver.

VOZ DE ARLENE: (*gritando*)
    ¿Y qué va a pasar con las niñas?

VOZ DE WILLIAM: ¿No has oído hablar de los orfanatos?

*Deana se cubre los oídos inmediatamente y agita la cabeza. Vuelve corriendo a su cuarto con Betty.*

BETTY:    ¿Les dijiste? ¡Estoy muy asustada de no poder ver!

DEANA: Los oí discutiendo y dijeron algo de mandarnos a un orfanato. No pude seguir escuchando.

*Se quita las manos de los oídos y comienza a llorar.*

DEANA: Betty, sé que estás hablando porque estás moviendo los labios. Pero no puedo oír nada.

BETTY: Hermanita, no te preocupes. Yo puedo ver y tú oír.

*Deana toma a Betty de la mano, la lleva a su cama y la mete en ella.*

BETTY: No te preocupes. Si yo puedo ver y tú oír, mañana por la mañana, les diremos a Mamá y Papá. Te quiero, hermana.

DEANA: Yo también te quiero.

*Las luces se apagan.*

## Escena 6

*Las luces se encienden. Los papás están en el comedor.*

ARLENE:   Niñas, ¡bajen ahora mismo! Se está haciendo tarde.

*Las dos niñas entran y se acercan a la mesa. Deana camina tomada del brazo de Betty, que la guía.*

ARLENE:   Deana, ¿por qué vas guiando a Betty? ¿No puede caminar sola?

BETTY:   Papás, no puedo ver y Deana no puede oír.

ARLENE:   No se hagan las graciosas. Ya tengo suficiente con su Papá. (*apunta con el dedo a su esposo*) No tengo tiempo para sus tonterías.

WILLIAM: (*mirando a Deana*)
Deana, ¿por qué te haces la sorda?

*Deana toma la silla de Betty y la ayuda a sentarse. Betty, frustrada, agita las manos.*

BETTY:   Papá, ¡no te puede oír!

*Tira el vaso de leche.*

ARLENE:   Betty, ¡deja de hacer tonterías!

*Deana limpia la leche con su servilleta y luego ayuda a Betty a encontrar su tenedor a la izquierda del plato.*

ARLENE:   ¡Les ordeno que dejen de burlarse de mí!

BETTY: (*llorando*)
No estamos bromeando. Yo no puedo ver y Deana no puede oír. Por favor, créanos.

WILLIAM: (*hablando con suavidad*)
Niñas, quiero que escuchen con atención y que se concentren en lo que estoy diciendo.

BETTY: Papá, yo te voy a escuchar, pero Deana de verdad no puede oírte. Yo puedo oírte, pero no puedo verte.

ARLENE: Podrían dejar de...

WILLIAM: (*interrumpiendo*)
¡Por el amor de Dios, quédate callada y deja que me encargue! Betty, dime, ¿cuándo empezó esto?

BETTY: Ayer en la noche.

WILLIAM: ¿Y lo de Deana?

BETTY: Estaba bien ayer en la noche, pero fue al cuarto de ustedes y volvió inmediatamente. Le pregunté que qué había pasado.

WILLIAM: ¿Qué te dijo?

BETTY: No le entendí.

ARLENE: No les creas. Están mintiendo.

WILLIAM: ¿Por qué mentirían sobre algo como esto?

ARLENE: Los mentirosos mienten sobre cualquier cosa.

WILLIAM: Por favor, niñas, vuelvan a su recámara. Necesito hablar con su mamá.

BETTY: Sí, Papá.

*Betty se levanta y toma a Deana por el brazo.*
*Lentamente, las niñas salen del comedor.*

WILLIAM: Arlene, vi los movimientos de Deana. No creo que esté fingiendo. También noté que, cuando hablas con un tono de voz enojado, Deana ni se inmuta, pero Betty sí.

ARLENE: Vamos a observarlas un poco más. Así podremos saber si nos están diciendo la verdad.

*Las luces se apagan.*

# ACTO II

## Escena 1

*Las luces se encienden. William y Arlene están en el consultorio del pediatra.*

PEDIATRA: ¿Qué los trae aquí?

WILLIAM: Le va a parecer increíble, pero nuestra hija mayor, Betty, de casi trece años, dice que se quedó ciega. Deana, de once años, dice que no puede oír. Al principio, creímos que estaban fingiendo o que querían burlarse de nosotros.

PEDIATRA: ¿Cuándo fue la primera vez que esto pasó?

WILLIAM: Ayer. Desde entonces, hemos pasado varias horas observándolas y he llegado a la conclusión de que no están fingiendo. Mi esposa no está de acuerdo conmigo.

PEDIATRA: ¿Dónde estaba ella cuando supuestamente pasó esto?

WILLIAM: Yo creo que en su cuarto. Nos dimos cuenta por primera vez cuando bajaron para desayunar. Al principio, ni mi esposa ni yo les creímos.

PEDIATRA: (*escribiendo*)
Cuéntenme más.

WILLIAM: Betty, la que dice que está ciega, caminaba con mucha precaución y le tenía que ayudar su hermana. En el desayuno, mi esposa regañó a Betty por tirar la leche. Betty se molestó por el tono de voz de mi esposa, pero Deana, que generalmente se molesta cuando mi esposa la corrige, no hizo nada.

PEDIATRA: Gracias. Por favor, vayan a la sala de espera. Mi enfermera va a traerme a las niñas para examinarlas.

*Las luces se apagan.*

## Escena 2

*Las luces se encienden. El pediatra se sienta a hablar con William y Arlene.*

PEDIATRA: Examiné a Betty y Deana durante una hora y no encuentro ninguna razón médica para sus síntomas. Sin embargo, Betty me dio la impresión de que no puede enfocar la mirada en nada. Deana no tuvo la más mínima reacción cuando le hice un examen de palabras y ruidos. Es muy poco frecuente que dos hermanos tengan problemas sensoriales al mismo tiempo. Voy a pedir que un oftalmólogo revise a Betty y que un audiólogo vea a Deana.

*Las luces se apagan.*

## Escena 3

*Las luces se encienden. Unos días después, William y Arlene están en el consultorio del Pediatra.*

PEDIATRA: Por favor, siéntense. Bueno, en primer lugar, les tengo buenas noticias. El especialista no encontró en absoluto alguna razón para la ceguera de Betty. El audiólogo tampoco encontró ninguna razón médica para la sordera de Deana. Ahora, las malas noticias. Los tres doctores hablamos de sus síntomas. Llegamos a la conclusión, sin lugar a dudas, de que se trata de un problema psicológico.

ARLENE: Oh, Doctor, ¡eso simplemente no tiene sentido! Usted cree que yo...

WILLIAM: (*interrumpiendo*)
Arlene, cálmate, por favor. Lo siento, Doctor. ¿Qué debemos hacer ahora?

PEDIATRA: Llevar a las niñas a un psiquiatra que se especialice también en neurología. Verá, estos son problemas psicológicos causados por conflictos muy fuertes que no se han resuelto y que conducen a estos síntomas físicos: ceguera psicológica y sordera psicológica. En otras palabras, niveles altos de estrés durante mucho tiempo pueden ser la causa de la ceguera y sordera que las niñas están experimentando.

ARLENE: ¡Imposible! Mis hijas no están locas.

PEDIATRA: Nadie está diciendo que sus hijas estén locas, pero definitivamente tienen algún tipo de problema neurológico. Antes de que podamos comenzar a tratarlas por sus síntomas, necesitamos contar con un buen diagnóstico. Los doctores necesitamos saber a qué nos estamos enfrentando.

ARLENE: (*resistiéndose*)
Bueno, yo...

WILLIAM: Doctor, siga, vamos a hacer lo que usted nos diga.

PEDIATRA: Puedo recomendarles un psiquiatra.

## Escena 4

*Las luces se encienden. Betty está sentada en el consultorio del psiquiatra.*

PSIQUIATRA: ¿Cómo estás, Betty?

BETTY: Bien, Doctor, gracias.

PSIQUIATRA: Betty, ¿recuerdas qué estabas haciendo justo antes de quedarte ciega?

BETTY: No. Simplemente no lo recuerdo, Doctor.

PSIQUIATRA: De acuerdo, Betty, dime, ¿has estado teniendo problemas en la escuela?

BETTY: No, Doctor, me gusta mucho mi escuela. Siempre estoy feliz en la escuela, pero cuando... (*deja caer la cabeza*). No quiero hablar de eso.

PSIQUIATRA: De acuerdo, entonces, déjame preguntarte, ¿te sientes feliz en casa?

BETTY: Bueno, a veces...

PSIQUIATRA: ¿Cuándo no te sientes feliz, por qué no eres feliz?

BETTY: Bueno, las cosas no siempre están bien.

PSIQUIATRA: ¿Qué cosas?

BETTY: Yo no creo que mi Mamá y mi Papá, sobre todo mi Mamá, nos quieran de verdad a mí y a Deana. Doctor, no quiero seguir hablando. ¿Me puedo ir?

PSIQUIATRA: Claro, Betty. Deja que mi enfermera te lleve a la sala de espera.

*Las luces se apagan.*

# Escena 5

*Las luces se encienden. Betty y el Psiquiatra están en el consultorio de este unos días después. El Psiquiatra le acaricia la mano.*

PSIQUIATRA: ¿Cómo estás, Betty?

BETTY:    *(con timidez)*
Estoy bien, Doctor.

PSIQUIATRA: Me da mucho gusto volver a hablar contigo. Betty, cuéntame de tu escuela y de qué cosas hablan tú y tu hermana.

BETTY:    *(triste y ausente)*
Me gusta mucho la escuela y tengo muchos amigos. No tengo problemas con mis compañeros de clase Todos me caen bien.

PSIQUIATRA: ¡Qué bien! Cuéntame de tus maestros.

BETTY:    Me caen muy bien, excepto mi maestra de Inglés, ella no me cae muy bien. Es muy...

PSIQUIATRA: ¿Es muy?

BETTY:    Es muy enojona y me pone nerviosa. Nos grita mucho a mí y a otras niñas.

PSIQUIATRA: ¿Tienes otras maestras?

BETTY:    Sí, ahora tengo dos y el semestre pasado tuve tres. Todas me caían bien. No eran malas conmigo ni con los otros alumnos.

PSIQUIATRA: Cuéntame de tu maestra de Inglés que no te cae bien.

BETTY: (*inclinando la cabeza*)
Solo es una viejita amargada. No aprendo mucho con ella.

PSIQUIATRA: (*repitiendo*)
No aprendo mucho con ella...

BETTY: Solo me siento ahí. Le tengo miedo. Ni siquiera hago preguntas.

PSIQUIATRA: ¿Las otras maestras te hacen sentir igual?

BETTY: ¡No! Son muy buenas conmigo.

PSIQUIATRA: Betty, has dejado muy claro que te caen bien tus otras maestras, excepto la maestra de Inglés. Dime cualquier cosa que se te ocurra sobre tu maestra de Inglés.

*Betty parece muy nerviosa. Se acomoda en su asiento.*

PSIQUIATRA: No tengas miedo de contarme cualquier cosa sobre la maestra. No le voy a contar a nadie nada de lo que me digas. Todo queda entre nosotros. Betty, piensa en mí como en un amigo fiel al que de verdad le caes bien y te respeta.

BETTY: Una vez, esta maestra...

PSIQUIATRA: (*repitiendo con calma*)
Una vez, esta maestra...

BETTY: Doctor, no quiero hablar de ella. Me recuerda a...

PSIQUIATRA: Me recuerda a...

BETTY: (*agitada*)
Lo siento, Doctor. Simplemente no sé.

*Las luces bajan de intensidad lentamente.*

*Las luces se apagan.*

# Escena 6

*Las luces se encienden. Deana está en el consultorio del Psiquiatra. El Psiquiatra camina sonriendo. Lleva unas cartas con ilustraciones en la mano.*

PSIQUIATRA: Me da gusto verte, Deana. Siéntate, por favor. (*apuntando a la silla*) Voy a escribir las reglas del juego que vamos a jugar. Vamos a leer estas tarjetas juntos y después te diré qué hacer.

*El Psiquiatra toma una tarjeta y lee.*

PSIQUIATRA: Inventa un cuento a partir de esta imagen. Un señor, una señora y una niña pequeña.

DEANA:     Parece un señor con su esposa y su hija.

*El Psiquiatra escribe.*

PSIQUIATRA: Aquí tengo otra carta que vamos a ver. Tres caras, un señor, una señora y una niña pequeña. Cuéntame una historia con lo que ves. Por favor, que sea muy larga. Me gustan las historias largas.

DEANA:     Parece que están enojados, como mi Papá y mi Mamá. La niña pequeña parece que está triste. Apuesto a que está llorando.

PSIQUIATRA: ¿Por qué está llorando?

DEANA:     Creo que les tiene miedo a ese Papá y a esa Mamá que son malos.

PSIQUIATRA: (*escribiendo en una tarjeta*)
¿Les tiene miedo a Papá y Mamá que son malos?

DEANA: Estoy segura de que Betty también les tendría miedo a esas dos personas.

PSIQUIATRA: ¿Cómo se lleva Betty, tu hermana, con las maestras?

DEANA: A Betty le caen bien, excepto la de Inglés. Betty me dijo una vez que era igual de mala que mi Mamá.

PSIQUIATRA: Deana, tú y yo vamos a leer estas cartas juntos. Quiero que completes la frase. Toma tu tiempo.

*El Psiquiatra ve las cartas y las lee.*

PSIQUIATRA: Número uno: algunas veces tengo miedo...

DEANA: Cuando Mamá y Papá pelean.

PSIQUIATRA: Número dos: en la escuela, me gusta...

DEANA: Cuando Betty, mis amigos y yo hablamos y nos reímos durante el recreo.

PSIQUIATRA: Número tres: no me gusta...

DEANA: Cuando Betty llora o está muy triste en casa.

PSIQUIATRA: Número cuatro: A Betty no le gusta...

DEANA: Su maestra de Inglés.

PSIQUIATRA: Número cinco: la maestra de Inglés...

DEANA: Es muy mala con Betty, tal como mi Mamá.

PSIQUIATRA: Número seis: En casa, yo...

DEANA: No soy muy feliz.

PSIQUIATRA: Número siete: en casa, Betty...

DEANA: Se molesta mucho cuando oye a mi Mamá gritándole a mi Papá.

PSIQUIATRA: Número ocho: en casa yo...

DEANA: Me enojo mucho cada vez que oigo a mi Mamá y a mi Papá discutiendo.

PSIQUIATRA: Número nueve: una vez en casa yo...

DEANA: Oí a mi Papá gritándole a Mami que... nos iba a mandar a...

*Llora de forma histérica.*

PSIQUIATRA: Algunas veces Betty y yo quisiéramos...

DEANA: Que Mami estuviera muerta.

PSIQUIATRA: (*escribiendo en una tarjeta*)
Deana, ¿por qué quieres que Mami esté muerta?

DEANA: Bueno, aunque ya no puedo oír a mi Mamá, todavía tengo que verla. Si estuviera muerta, ni siquiera tendría que verla.

PSIQUIATRA: Bien, bien. Dejémoslo por hoy. Te veo la
próxima semana. Vas muy bien.

*Las luces se apagan.*

# ACTO III

## Escena 1

*Las luces se encienden. William y Arlene están en el consultorio del psiquiatra.*

PSIQUIATRA: Qué gusto verlos. Por favor, siéntense. William y Arlene, como ustedes saben, he hablado con las niñas. Quiero comenzar una terapia viéndolos por separado dos veces a la semana.

WILLIAM: Sí, Doctor.

PSIQUIATRA: Antes de que se vayan, me gustaría hacerles algunas preguntas. Algunas de estas preguntas pueden parecerles muy personales y podrían incomodarlos, pero tengo que hacerlas. Los problemas de las niñas tienen una raíz psicológica y, si quiero que los síntomas desaparezcan —la ceguera y la sordera—, necesito encontrar las causas. Una vez que logre eso, la terapia tendrá éxito. Por favor, William y Arlene, entiendan que no los estoy juzgando. Una vez más, debo recordarles que necesito tener toda la información que pueda sobre el ambiente que las niñas están viviendo en casa.

WILLIAM: Perdón, Doctor, no estoy seguro a dónde quiere llegar con todo esto.

PSIQUIATRA: William, no existen las familias perfectas.

WILLIAM: Doctor, Arlene y yo tenemos nuestras diferencias. Quizás, las niñas nos han oído discutir algunas veces, pero no recuerdo haber dicho algo que pudiera molestarlas realmente, mucho menos algo como para traumarlas.

PSIQUIATRA: Arlene, te preguntaría a ti también lo mismo.

ARLENE: ¡Por supuesto que no! No somos gente disfuncional.

PSIQUIATRA: De acuerdo, gracias. Eso es todo por hoy.

*Las luces se apagan.*

## Escena 2

*Las luces se encienden en el consultorio del Psiquiatra. El Psiquiatra, con amabilidad, toma a Betty de la mano y la guía hasta la silla.*

PSIQUIATRA: Hola, Betty. Siéntate, por favor. Me da gusto volver a verte. ¿Estás cómoda?

BETTY: Sí, Doctor.

PSIQUIATRA: Ahora voy a intentar algo un poco diferente, si no te importa. Se llama hipnosis. La hipnosis es como ir a dormir. No hay nada que temer. Quiero que trates de relajarte y que te sientes en una posición cómoda. Si tu cuerpo está muy tenso, la hipnosis no funciona. Betty, antes de comenzar, déjame decirte esto: creo que algo que estuvo sucediendo en tu vida, desde que eras niña hasta hace unos días, causó tu ceguera. Por eso necesito la hipnosis. Puede ayudarte a recordar algunas experiencias del pasado que fueron poco agradables para ti.

BETTY: De acuerdo, Doctor.

PSIQUIATRA: (*en un tono amable y comprensivo*) Solo concéntrate en el sonido de mi voz. Betty, comienzas a sentir pesados tus párpados. Comienzas a sentirte con sueño. Todo tu cuerpo quiere dormir.

*La cabeza de Betty asiente y cae.*

PSIQUIATRA: Betty, ¿alguna vez se enojó tu mamá contigo?

BETTY:     Sí.

PSIQUIATRA: Betty, ¿tu Mamá y tu Papá alguna vez se pelearon delante de ti?

BETTY:     Sí.

PSIQUIATRA: Betty, dime cómo te sentiste.

*Betty parece ponerse tensa de pronto. Se agita y levanta la cabeza. Se abren sus ojos.*

BETTY:     ¡Hola, Doctor! Ya desperté.

PSIQUIATRA: (*para sí mismo*)
           Estoy yendo demasiado rápido. (*a Betty*) Está bien, Betty. Vamos a ver si te puedes volver a dormir.

BETTY:     De acuerdo, Doctor.

PSIQUIATRA: Escucha otra vez el sonido de mi voz. Betty, te estás comenzando a sentir cansada. Sientes tus párpados muy pesados. Sientes tus párpados muy pesados. Te vas a dormir.

*Después de un momento, Betty vuelve a relajarse y su cabeza cae.*

PSIQUIATRA: Betty, ¿hay alguna maestra de Inglés que no te gustara?

BETTY:     Sí, su nombre era Srta. Brown y era muy mala conmigo y con los demás alumnos. La odiaba y le tenía miedo. Me daba miedo hacerle preguntas en clase. Me habría gritado como le gritó a...

*El cuerpo de Betty se pone rígido y se vuelve a despertar.*

BETTY:     (*nerviosa*)
          Doctor, me parece que me he vuelto a despertar.

PSIQUIATRA: No te preocupes. Esto es suficiente por hoy.

## Escena 3

*Las luces se encienden. Dos días más tarde en el consultorio del psiquiatra.*

PSIQUIATRA: Hola, Betty. Qué gusto verte. Siéntate en esta silla. (*le ayuda a sentarse*) Vamos a hacer lo mismo que el otro día. Relájate y trata de dormirte.

BETTY: Sí, Doctor. Ya sé cómo.

*Se queda dormida en unos minutos.*

PSIQUIATRA: Betty, cuéntame de que hablarían tu hermana Diana y tus Papás durante una cena.

BETTY: Oh, de muchas cosas. Prácticamente los únicos que hablan son mi Mamá y mi Papá.

PSIQUIATRA: ¿Sobre qué hablan?

BETTY: (*irritada*)
No lo sé...

PSIQUIATRA: ¿Están enojados cuando hablan?

BETTY: Sí, la mayor parte del tiempo.

PSIQUIATRA: ¿Podías ver el enojo en sus caras? ¿Se apuntaban con el dedo?

*El cuerpo de Betty se pone rígido. Se despierta y parece más nerviosa que antes.*

PSIQUIATRA: Betty, no te preocupes. Estamos progresando. Dejémoslo aquí. Nos vemos la próxima semana.

*Las luces se apagan.*

# Escena 4

*Las luces iluminan el consultorio del psiquiatra. El Psiquiatra ayuda a Betty a llegar a la silla.*

PSIQUIATRA: Hola, Betty. Qué gusto verte. Por favor, siéntate en esta silla que es muy cómoda. Hoy vamos a intentar algo que se llama "regresión de edad". Te voy a hacer preguntas sobre tu vida, comenzando cuando tenías doce años y quizás todavía más atrás en tu niñez. ¿Te parece bien?

BETTY: Sí, Doctor.

PSIQUIATRA: Vamos a empezar. Concéntrate en el sonido de mi voz y trata de dormirte como antes.

*Después de unos momentos, la cabeza de Betty cae.*

PSIQUIATRA: Betty, ¿qué es lo que más te molestaba de tu maestra de Inglés y de tus Papás cuando tenías doce años?

BETTY: Los tres siempre estaban de mal humor, pero mi Mamá y la maestra de Inglés eran las peores.

PSIQUIATRA: Betty, dime algo que te molestaba cuando tenías diez años.

BETTY: Mi Mamá y mi Papá se gritaban y se apuntaban con el dedo a la cara.

PSIQUIATRA: Betty, dime algo que te molestaba cuando tenías ocho años.

BETTY: ¡Oh, Doctor! Recuerdo algo que de verdad me molestó. Mi mamá le estaba gritando a mi Papá y diciéndole cosas muy feas. Mi hermana pequeña se puso a llorar y se tapó los oídos. Yo solo dejé caer la cabeza y me negué a mirarlos.

PSIQUIATRA: Betty, ¿puedes recordar algo más que te haya pasado cuando tenías seis años?

*Betty murmura algo en tono infantil.*

PSIQUIATRA: (*para sí mismo*)
Bien, ahora está en la fase del sonambulismo.

*De pronto, Betty está horrorizada.*

BETTY: (*gritando*)
Mami, ¡no le hagas nada a mi Papi! ¡Por favor, no, Mami!

PSIQUIATRA: Estás a salvo aquí, Betty. Dime qué pasó.

BETTY: Mi Papá trató de tomar un rol de canela de la canasta del pan y mi Mamá tomó un tenedor y se lo clavó.

PSIQUIATRA: ¿Qué hiciste tú?

BETTY: Me levanté y saqué el tenedor que estaba en la mano llena de sangre de mi Papá y lo tiré al otro lado del cuarto.

PSIQUIATRA: ¿Qué le dijiste a tu Mamá?

BETTY:     (*temblando*)
           Te odio, Mamá, y te tengo miedo. Ni siquiera
           puedo mirarte. Me duelen los ojos cuando te
           veo.

PSIQUIATRA: ¿Qué hizo Deana?

BETTY:     Lo recuerdo muy bien. Se levantó gritando y
           se fue corriendo a su cuarto tapándose los
           oídos.

PSIQUIATRA: Betty, ¿cuando tenías cuatro años, pasó
           algo que te hiciera enojar o que te pusiera
           triste?

BETTY:     (*con voz de niña pequeña*)
           Sí, Doctor. Estaba recortando unas muñecas
           de papel y mi Mamá se enojó mucho
           conmigo por ensuciar la alfombra.

PSIQUIATRA: ¿Qué hiciste?

BETTY:     Tomé las tijeras y le corté la cabeza a todas
           las fotos de mujeres que se parecían a mi
           Mamá.

PSIQUIATRA: ¿Y qué hizo tu Mamá?

BETTY:     (*llorando como niña pequeña*)
           Vio lo que hice y comenzó a golpearme con
           la palma de la mano en la parte de arriba de la
           cabeza. Yo solo cerré los ojos con fuerza para
           no verla.

PSIQUIATRA: ¿Tu Mamá te golpeó cuando eras
           pequeña?

BETTY: No lo sé... Todo lo que puedo recordar es que todo el tiempo le estaba gritando a mi Papá, diciéndole que Deana y yo éramos unas niñas malas.

PSIQUIATRA: (*inclinándose hacia ella*)
Betty, cuando cuente hasta tres, te vas a despertar. Uno, dos, tres. Betty, despierta.

BETTY: Hola, Doctor.

PSIQUIATRA: Betty, ¿me puedes ver?

BETTY: (*con tristeza*)
No, Doctor. Todavía estoy ciega.

PSIQUIATRA: Vamos a hablar un rato y después quiero que sigas pensando en lo que hablemos. Betty, me dijiste que, cuando eras chica, tu Mamá le clavó un tenedor a tu Papá. Piensa en eso. También me dijiste que tu Mamá te golpeó con la palma de la mano en la parte de arriba de la cabeza cuando estabas jugando con unas muñecas de papel y que eso te puso triste. Betty, me doy cuenta de que has llegado a tenerle miedo a tu Mamá y a odiarla. Dime, ¿alguna vez te ha mostrado su cariño?

BETTY: (*agitada*)
Sí, ¡pero sigo odiándola!

PSIQUIATRA: Vas muy bien, Betty. Te veo la próxima semana. Quiero que reflexiones en todas esas cosas que ahora recuerdas.

*Las luces se apagan.*

# Escena 5

*Las luces se encienden. Una semana más tarde. Betty entra al consultorio del Doctor.*

PSIQUIATRA: Hola, Betty. Deja que te ayude a sentarte en tu silla favorita.

BETTY: Gracias, Doctor.

PSIQUIATRA: Betty, dime una cosa. Desde la última vez que nos vimos, ¿has estado pensando en lo que hablamos?

BETTY: Creo que ahora entiendo mejor por qué odio tanto a mi Mamá.

PSIQUIATRA: Dime.

BETTY: Lo crea o no, recordar cuando mi Mamá estaba fuera de control y violenta, me hace sentir mejor, pero todavía no puedo ver y la sigo odiando.

PSIQUIATRA: Todavía no puedes ver, porque no puedes soportar su mirada.

BETTY: Pensé en lo que usted dijo al principio.

PSIQUIATRA: A ver, cuéntame más, Betty.

BETTY: He pensado en irme de casa. Podría volver a ver porque ya no tendría que ver a mi Mamá.

PSIQUIATRA: Betty, dejémoslo aquí. Déjame decir una cosa antes de que te vayas. Es solo cuestión de tiempo para que vuelvas a ver. Después de hablar con Deana, voy a organizar una reunión con tu Papá y tu Mamá. Quiero que tú y Deana estén presentes. Es muy importante que vayan.

BETTY: ¿Está seguro de que volveré a ver?

PSIQUIATRA: (*acariciando con cariño el hombro de Betty y con voz consoladora*) Totalmente.

BETTY: Gracias, Doctor.

*Las luces se apagan.*

# ACTO IV

## Escena 1

*Las luces se encienden en el consultorio del Psiquiatra. Deana entra.*

PSIQUIATRA: Hola, Deana. ¿Cómo estás?

*Deana sonríe. El Psiquiatra señala una silla y le muestra a Deana unas tarjetas.*

PSIQUIATRA: Tengo unas cartas con preguntas. Quiero que las leas varias veces y reflexiones en las preguntas. Después vamos a intentar una cosa que se llama hipnosis. Sigue estas instrucciones.

*Le entrega a Deana otra tarjeta.*

PSIQUIATRA: Deana, relájate y acaricia con suavidad tus brazos. También, ¿ves este objeto brillante? Quiero que te concentres en este objeto brillante y, al mismo tiempo, que pienses en las preguntas que leíste en las tarjetas que tienes sobre tus piernas.

*El doctor mueve ligeramente un brillante reloj de bolsillo para adelante y para atrás, y se acaricia sus propios brazos. Actúa como si se fuera a quedar dormido. En pocos minutos, Deana está inclinada hacia adelante con los ojos cerrados y las tarjetas han resbalado de sus manos y caído en el suelo*

PSIQUIATRA: (*para sí mismo*)

Se me hace que ya está en la fase de sonambulismo.

*Deana deja caer su cabeza en sus manos y grita histérica.*

DEANA: ¡Mamá, Mamá, deja de gritar! Papá, no nos mandes a un orfanato. (*se sienta recta, mira al doctor. Hay miedo en su voz*). Doctor, Doctor, no nos han mandado todavía a un orfanato, a lo mejor no lo van a hacer.

*El Psiquiatra toma su pluma y escribe algo en una tarjeta para que Deana lo lea.*

DEANA: (*dice de pronto*) No hace falta que escriba nada. ¡Puedo oírlo! (*salta de la silla y abraza al doctor*) ¡Estoy muy feliz!

PSIQUIATRA: Qué maravilla, Deana, qué maravilla.

DEANA: Adiós, Doctor.

PSIQUIATRA: Espera, Deana, quiero a toda la familia aquí la próxima semana.

DEANA: ¿De verdad hace falta que yo venga? Ahora que puedo oír, no sé si estoy lista para oír la voz de mi Mamá.

PSIQUIATRA: Deana, es muy importante que vengan.

DEANA: De acuerdo, vendré. Lo prometo.

*Las luces se apagan.*

# Escena 2

*Las luces se encienden. Toda la familia está sentada en el consultorio del Psiquiatra en semicírculo mirando al público.*

PSIQUIATRA: Es muy positivo que los cinco nos podamos sentar juntos y decir todo lo que queramos. Recuerden: no todas las familias son felices siempre, pero creo que esta familia tiene muchos años de felicidad por delante. Arlene y William, ¿tienen algo que decir?

ARLENE: Nos alegra que Deana pueda oír. ¿Cuándo va a volver a ver Betty?

PSIQUIATRA: Cuando esté lista. Deana, tú ya puedes oír otra vez. ¿Qué se siente?

DEANA: Bien, Doctor. Me dijo que fuera siempre honesta con mis sentimientos. (*mirando a su Mamá y con voz firme*) Mamá, me apena decir esto, pero no estoy segura de estar lista para oír tu voz y eso me preocupa.

*Arlene se irrita, pero permanece en silencio.*

PSIQUIATRA: Betty, ¿tienes algo que decirles a tus Papás?

BETTY: Sí. Mamá, yo no voy a decir que lo siento. Casi me alegro de estar ciega, pero quisiera estar sorda.

ARLENE: (*llevándose las manos a la cara y sollozando histéricamente*)
¡Oh, niñas! Lo siento mucho. Toda mi vida he sido una persona mala y de trato difícil. Siempre he culpado a otros y nunca a mí misma. (*todavía sollozando, mirando a las niñas*) Por favor, perdónenme. Necesito su amor.

WILLIAM: Niñas, hemos cometido errores que les han hecho daño. (*con tristeza*) Por favor, perdónennos. Nunca haré nada que les pueda hacer daño a ustedes o a su mamá. Las quiero mucho.

BETTY: Deana, por favor, llévame con mi Papá.

*Deana la lleva. Betty alarga el brazo para tocarle a su Papá la cara.*

BETTY: Bueno... (*su voz cambia y grita de alegría*) Mamá, Papá, ¡puedo ver otra vez! (*abraza a su Papá*) Papi, yo sé que no ibas a estrangular a mi Mamá y sé que me quieres. (*se vuelve a su madre*) Mamá, perdóname, te quiero. Será muy bonito estar en el comedor y verlos felices a los dos.

DEANA: (*poniendo su mano en el hombro de su mamá*)
Mamá, me alegro de poder oír tu voz. Ya hablaremos en el comedor. Será divertido.

PSIQUIATRA: Me alegra mucho ver que se quieren, pero necesito decir algo. Han recorrido un largo camino, pero he visto situaciones similares y puede haber recaídas en uno de ustedes o en todos. En otras palabras, William y Arlene, pueden comportarse inconscientemente como se comportaron antes y caer en la trampa de la negación. Betty y Deana, las dos han experimentado una reacción de conversión histérica. Todo eso significa que su estrés se transformó, es decir, se convirtió en un síntoma físico, que les dio a corto plazo cierto alivio, pero a la larga se complicó y les provocó más problemas. Por eso, niñas, si sienten que su sordera o su ceguera está volviendo, avísenme, por favor. También, Arlene y William, me gustaría que hicieran lo mismo. De hecho, todos podrían beneficiarse de algunas sesiones más de orientación familiar. Como pueden ver, el problema está en la familia, no solo en uno de ustedes como individuo.

*Las luces se apagan.*

## Escena 3

*Las luces se encienden. Han pasado unos meses. La familia está sentada en la mesa del comedor, el lugar está iluminado con una luz suave. William y Arlene discuten, pero no se escucha nada. Sus caras están llenas de ira. Arlene levanta un lado de la mesa y todo cae al piso: comida, platos, cubiertos, vasos.*

*Las luces se apagan.*

## Escena 4

*Una luz tenue ilumina la puerta del consultorio del Psiquiatra. Deana guía a Betty tomándola de la mano.*

DEANA: Betty, ya casi llegamos. Cuando el doctor nos vea, sabrá por qué estamos aquí.

*Las luces se apagan lentamente.*

# Una historia de tres autorretratos

## Personajes

PAIGE, una mujer paranoica al inicio de sus veintes.

OLGA, una mujer obsesivo-compulsiva al inicio de sus veintes.

NATALIE, una mujer narcisista al inicio de sus veintes.

KAREN, una alumna de postgrado al final de sus veintes.

MESERA, una mujer en sus cuarentas.

MESERO 1, un hombre al inicio de sus treintas.

MESERO 2, un hombre en sus veintes.

SEÑOR EN EL RESTAURANTE

MUJER EN EL RESTAURANTE


## Ubicación

Minneapolis, Minnesota


## Fecha

En la actualidad.

# ACTO I

## Escena 1

*Las luces iluminan el pasillo de un campus universitario. Paige, Olga y Natalie están viendo el tablero de anuncios. Paige señala uno de los volantes.*

PAIGE: ¡Ey, niñas! ¡Miren esto! Tres habitaciones, un baño y un garaje cerca del campus. Lo rentan por dos semestres. Semi amueblado. (*le toma una foto al volante con su teléfono celular*)

OLGA: Si voy a compartir la cocina, tiene que estar siempre ordenada.

NATALIE: ¿Solo un baño?

PAIGE: Vamos, podemos lograrlo. Veamos si podemos vivir juntas.

OLGA: Cada una tendrá su recámara. Será más barato que vivir cada quien por su lado.

*Las luces se apagan.*

## Escena 2

*Las luces se encienden, se ven la cocina y el cuarto de estar del departamento. Olga y Natalie revisan el lugar. En una esquina del cuarto de estar, hay un sofá cama, un escritorio y una lámpara.*

OLGA: ¡Miren! Si no les molesta tener otra compañera de departamento, podríamos rentar esa esquina del cuarto de estar a una alumna de postgrado sin recursos.

NATALIE: Y la renta sería todavía más barata. Vamos a ver si hay algo en el tablón de anuncios. A lo mejor alguien anda buscando algo así.

*Las luces se apagan.*

# Escena 3

*Las luces se encienden. Ha pasado una semana. Están en el apartamento y Karen está sentada en su escritorio.*

KAREN:    Estoy muy feliz aquí. Ustedes, muchachas, son muy buenas.

OLGA:    ¿Tú sales alguna vez?

KAREN:    No tengo dinero.

NATALIE: ¿Cuál es el tema de tu tesis?

KAREN:    Bueno, mi maestría es en Psicología Clínica. Mi asesor me sugirió hacer un estudio de campo.

NATALIE: ¿Qué es eso?

KAREN:    Consiste en reunir información por medio de la observación al vivir con los sujetos a los que estudias. Mi asesor de tesis me sugirió ir a la jungla de Brasil, pero no tengo dinero, así que tengo que hacer algo distinto. Me tengo que quedar aquí y encontrar a las personas que voy a estudiar. Todo va a salir bien.

## Escena 4

*Las luces se encienden. Natalie y Page están sentadas en el cuarto de estar. Karen está acostada en el sofá cama. Olga está en la cocina.*

OLGA: ¡Vean qué desorden! Hay platos de ayer en la noche, en la tarja. ¡La tina tiene un anillo de suciedad! ¿Quién usó ayer la tina y no la limpió? ¡Díganme!

NATALIE: ¿Quién te crees? ¿Nuestra mamá?

KAREN: (*despertándose y tallándose los ojos*) Podría también levantarme y ponerme a escribir.

OLGA: Ahora mismo vamos a poner ciertas reglas.

PAIGE: ¿Quién va a poner las reglas, tú?

OLGA: ¡Yo sé cómo hacerlo! Las voy a imprimir y las voy a poner en la cocina y en sus cuartos.

PAIGE: Espera un momento. Nadie puede entrar a mi cuarto. Mi cuarto va a estar cerrado con llave siempre.

OLGA: Entiendo. Nadie puede entrar a mi cuarto tampoco. Ustedes podrían estropear el perfecto orden de mis cosas.

NATALIE: Nadie entra en mi cuarto. Podrías desordenar mis espejos y fotografías. A propósito de... (*se toma una foto.*)

OLGA:      (*escribiendo*)
           Muy bien. Regla número uno: nadie puede
           entrar al cuarto de nadie.

PAIGE:     ¿Y qué pasa si hay una emergencia?

OLGA:      ¡Quítense los zapatos antes de entrar a mi
           cuarto! No quiero la mugre de las suelas de
           sus zapatos en mi piso.

*Las luces se apagan.*

# Escena 5

*Las luces se encienden. Paige y Olga están golpeando la puerta del baño.*

PAIGE:  ¡Date prisa! Tenemos que prepararnos. Llevas ahí más de una hora. Tenemos clase a las nueve.

OLGA:  Si no sales ahora mismo, voy a quitar la puerta.

*Natalie abre la puerta, su cabello y maquillaje están perfectos.*

NATALIE: Niñas, fíjense cómo dejé todo en orden: no hay cabellos en el lavabo ni anillo de mugre en la tina.

PAIGE:  Solo déjanos pasar.

*Las luces se apagan.*

## Escena 6

*Las luces se encienden. Natalie y Paige están sentadas en el cuarto de estar y Karen está escribiendo en la esquina.*

NATALIE: Paige, ¿cómo te fue en tu examen?

PAIGE: Bien, el profesor nos devolvió hoy los exámenes. Dijo que solo tres hicieron bien sus ensayos, aunque debería haber sido solo yo. ¡Los otros dos me robaron mis ideas! Copiaron mis respuestas cuando el profesor no estaba viendo. No les caigo bien. Me tienen mucha envidia desde la preparatoria. Bueno, quizás no copiaron de mi examen, pero en el descanso vieron mis apuntes y copiaron mis ideas. Para mí eso es hacer trampa. Sí, ¡copiar!

NATALIE: Paige, entiendo. Déjame contarte lo que pasó hoy en mi clase. El profesor hizo una pregunta difícil. Por supuesto, yo sabía la respuesta, pero quise darles oportunidad a otros. El profesor les dijo a mis compañeros, "excelente". Mientras salía del salón, me sentí muy bien porque sabía que mi respuesta podía haber sido mil veces mejor. Una que había respondido me esperó, sus ojos estaban llenos de orgullo, así que le dije, "Tus ideas eran absurdas. El profesor solo quería que te sintieras bien. Para mí tus respuestas fueron superficiales y estúpidas". ¿Pueden creer lo que me dijo?? "Natalie, ¿quién te crees? ¿Miss Superior?". Le dije, "yo no dije eso, fuiste tú".

*Las luces se apagan.*

# Escena 7

*Las luces se encienden. Olga está limpiando la cocina. Natalie y Paige están en el cuarto de estar. Karen está en el escritorio.*

OLGA: ¿Quién dejó este desorden?

PAIGE: (*entrando a la cocina*)
Lo siento. Estaba preparando una cosa y sonó mi teléfono, que estaba en mi cuarto. No hagas tanto drama.

OLGA: Excusas, excusas. Estoy harta de excusas. Todo debe dejarse en orden inmediatamente. ¿Me oyes?

PAIGE: De acuerdo, Doña Perfecta. Lo voy a limpiar ahora mismo. Puedes hacer más tarde la inspección con tus guantes blancos.

*Olga sale del escenario y da un grito.*

VOZ DE OLGA: ¡Que alguien venga a mi cuarto y me ayude!

*Natalie salta y sale corriendo del escenario.*

VOZ DE NATALIE: ¿Qué pasa?

VOZ DE OLGA: ¡Quítate los zapatos!

VOZ DE NATALIE: De acuerdo, de acuerdo. ¿Qué pasa, Olga?

VOZ DE OLGA: ¡Ve esa raya de mugre en la alfombra! No soporto la mugre. He estado tallando y no puedo quitarla.

VOZ DE NATALIE: Déjame ver. Necesitamos más luz.

*Se oyen unas persianas abriéndose.*

VOZ DE OLGA: ¡Ya se quitó!

VOZ DE NATALIE: ¡Oh, por el amor de Dios! Era solo la sombra de las persianas.

VOZ DE OLGA: ¡Oh! Gracias.

*Karen sigue escribiendo.*

*Las luces se apagan.*

# Escena 8

*Las luces se encienden. Natalie se está tomando una foto en el cuarto de estar mientras Karen escribe. Olga entra.*

OLGA: ¿Cómo te fue de compras?

NATALIE: Yo solo fui a caminar, pero Paige vio un vestido que le gustó.

OLGA: ¿Lo compró?

NATALIE: Preguntó el precio, pero luego reclamó que debía tener el veinte por ciento de descuento. Pidió ver al gerente. Este le explicó que el veinte por ciento era solo durante el fin de semana y hoy era lunes. Me dio tanta pena, que me fui de la tienda. Cuando salió, me dijo que el gerente le había faltado al respeto y que era un sinvergüenza. Yo creo que el gerente fue amable, pero ella dijo que había sido grosero y que no la iba a convencer de lo contrario.

*Las luces se apagan.*

# Escena 9

*Las luces se encienden. Paige, Olga, Natalie y Karen están sentadas en el departamento.*

OLGA: Es viernes. Vamos al nuevo restaurant italiano.

NATALIE: Vamos. Necesitamos descansar de los libros. Karen, ven con nosotras. Nunca sales. Todo lo que haces es escribir.

KAREN: Sí, sería bueno salir un poco del departamento, además, hoy me pagaron.

# Escena 10

*Las luces iluminan el restaurant "Dolce vita". Paige, Olga, Natalie y Karen están sentadas en una mesa.*

MESERA: *(sonriendo)*
Bienvenidas a "Dolce vita".

OLGA: La letra *c* en italiano se pronuncia como *ch* antes de *e*. Escucha cómo se pronuncia: "La Dolche Vita". No te capacitaron bien.

MESERA: *(molesta)*
¿Quiere ordenar ahora?

PAIGE: Por favor, para mí, lasaña.

NATALIE: Por favor, también lasaña para mí.

KAREN: *Per favore, risotta di gambero e asparagi.*

OLGA: *(sorprendida)*
Karen, ¿sabes italiano?

KAREN: Sí. Viví en Florencia, Italia, un año.

MESERA: *(mirando a Olga)*
¿Quiere ordenar ahora?

OLGA: Fetuchini Alfredo, pero antes de decidirme, dime, ¿usan auténtico queso romano rayado y mantequilla natural? ¿Saben el número total de carbohidratos y grasas saturadas por porción?

MESERA: *(confundida y ligeramente enojada)*
Lo siento, señorita.

*Se va de la mesa. Un mesero llega, sonriendo.*

MESERO 1: *Buona sera.*

OLGA:     Espero que tú seas más eficiente que la
          mesera. Necesito saber cuántos carbohidratos
          tienen los fetuchini Alfredo.

MESERO 1: (*hablando con rapidez*)
          Cuarenta y dos gramos de carbohidratos,
          quinientas nueve calorías, catorce gramos de
          grasa, ciento sesenta y siete miligramos de
          colesterol, y setecientos treinta y cuatro
          miligramos de sodio.

OLGA:     (*sorprendida*)
          ¿Cómo sabes todo eso?

MESERO 1: Soy nutriólogo. ¿Algo más?

*Las luces se apagan.*

# Escena 11

*Las luces se encienden. Karen está escribiendo en la esquina. Natalie, Paige y Olga están sentadas en el cuarto de estar.*

PAIGE: (*aburrida, con el periódico en las manos*)
Odio leer sobre política.

NATALIE: (*tomándose una foto*)
Pues no leas cosas de política.

PAIGE: Quiero estar informada para tener una buena cantidad de información cuando hable con otras personas. Si ustedes dos no están de acuerdo conmigo, no me importa. (*alzando la voz*) ¿Me escucharon? No me importa lo que piensen. ¡Yo siempre tengo razón!

OLGA: Cálmate, Paige. Somos tus amigas.

PAIGE: Cuando estaba hablando, las dos me miraron como si estuviera loca. ¿Van a criticarme por mis preferencias políticas?

NATALIE: Vamos, Paige. Nosotras te respetamos y tú nos respetas. Así como tú te apasionas por tus ideas, nosotras también nos apasionamos por las nuestras. ¡Sonríe! (*se toma una foto.*)

PAIGE: Las dos siempre están en contra de lo que digo, estoy harta de eso. Ustedes buscan algo y es humillarme. Quizás mis ideas sean más importantes y mejores que las suyas.

*Paige sale. Las luces bajan de intensidad y se vuelven a encender para mostrar el paso del tiempo. Paige está en la cocina. Natalie está viendo una revista. Karen escribe en el escritorio. Olga entra a la cocina.*

PAIGE: Estoy preparando un poco de café. ¿Quieres un poco?

OLGA: Por supuesto, gracias.

*El teléfono de Olga suena en su bolsa.*

OLGA: Perdón. (*responde al teléfono*) Sí, Susan. Estoy de acuerdo. (*pausa*) Qué buena idea. (*pausa*) Sí, en el centro estudiantil. (*pausa*) Paige y Natalie están bien. (*pausa*) Estamos tomando café. (*pausa*) Hasta mañana.

*Termina la llamada, mete el teléfono otra vez a su bolsa.*

OLGA: Era Susan para ver unas cosas sobre la tarea de nuestra clase de Sociología. Me cae bien Susan. Es buena persona. Ah, les mandó saludos.

PAIGE: A mí no me cae bien Susan. Es brusca, poco sensible y... Yo simplemente no confío en ella.

OLGA: Parecía bastante sincera cuando preguntó por ustedes.

NATALIE: A mí me cae bien. Es buena persona.

PAIGE: (*agitada y caminando de un lado a otro del cuarto*)

¿Se dan cuenta de lo que está pasando? Ella sabe que a ti y a Natalie les caigo bien, por eso va a decir cosas buenas sobre mí; pero, cuando ustedes no están y yo estoy con ella, es cruel, insensible y disfruta haciéndome sufrir.

*Olga y Natalie se miran una a la otra y parecen molestas.*

*Las luces se apagan.*

## Escena 12

*Las luces se encienden. Natalie está en la cocina. Karen escribe en el escritorio. Paige entra al escenario corriendo y gritando.*

PAIGE: ¡Alguien ha estado en mi cuarto!

NATALIE: Te pareces a uno de los tres osos: "alguien ha estado durmiendo en mi cama".

PAIGE: ¡Basta! Estoy hablando en serio.

*Olga entra.*

OLGA: Paige, ¿de verdad crees que entramos a tu cuarto y usamos tu computadora y tus cosas?

PAIGE: Bueno, no lo sé. Un momento, Olga, me estoy acordando de una cosa. Susan estuvo el otro día aquí estudiando contigo en la cocina. ¿Te acuerdas? ¡Mírame!

OLGA: Pregúntame lo que quieras, pero no empieces a enojarte. Sí, Susan y yo teníamos un examen al día siguiente.

PAIGE: Cuando estaba saliendo del departamento, no fui a la cocina porque no aguanto a Susan. Por favor, dime la verdad. Después de que me fui, ¿Susan salió de la cocina por alguna razón?

OLGA: Sí, un par de veces. Fue al baño y a mi cuarto para responder mi teléfono.

PAIGE: ¡Esa malvada de Susan! ¡Lo sabía! Estoy segura de que la muy sinvergüenza estuvo en mi cuarto fisgoneando. Sabía que había sido Susan.

OLGA: Cálmate, Paige. Dime, ¿por qué crees que mi amiga haría eso?

PAIGE: (*hablando en voz baja y mirando alrededor*) ¿Te acuerdas que hace como dos meses Susan estuvo aquí y que tú y ella estuvieron viendo televisión?

OLGA: Sí, claro que me acuerdo.

PAIGE: Vino y se sentó. Te conté de mi ex novio, en realidad, nada personal. Solo las razones por las que terminamos y por qué le perdí el respeto. ¿Te acuerdas, Olga?

OLGA: Sí, claro. También recuerdo que te quejaste de que él siguiera mandándote correos.

PAIGE: Sí. En algunos de ellos decía algunas cosas sobre nuestra relación. Acuérdate, les dije que no iba a discutir nada de eso con ustedes.

OLGA: (*molesta*)
Sí, sí.

PAIGE: Y que Susan había tenido el atrevimiento ¡de preguntarme cosas sobre él! Preguntas a las que yo no quería responder.

NATALIE: Basta, Paige. ¡Respira hondo! ¡Relájate! Uno, dos, tres.

PAIGE: Déjame hablar. Tú respira hondo. Además de que no confío en ella, tampoco estoy de acuerdo con sus valores. Sí, se ve que fue a mi cuarto y estuvo revisando mis correos.

NATALIE: ¿Se sabe tu clave?

PAIGE: Con esa mente malvada que tiene, estoy segura de que la adivinó. Sé que está hablando con todas sus amigas sobre mí y que me está haciendo parecer como una tonta. Tiene muy malas intenciones hacia mí.

*Las luces se apagan.*

## Escena 13

*Las luces se encienden. Olga y Karen están en la cocina.*

OLGA:      Karen, ¿tú por qué nunca sales?

KAREN:    No tengo dinero. Mi trabajo como asistente
me da para la renta y la comida. Es todo.

OLGA:      También, ¿por qué estás escribiendo todo el
tiempo? Día y noche, eso es lo único que
haces.

KAREN:    ¡Escribir exige mucho tiempo!

*Las luces se apagan.*

# ACTO II

## Escena 1

*Las luces se encienden. Las tres muchachas están en la cocina y Karen está escuchando su conversación.*

PAIGE: Estoy pensando en dejar de ir a la clase de Sociología.

OLGA: (*sorprendida*)
¿Por qué? Dijiste que habías sacado diez en todos los exámenes.

PAIGE: Sí, pero siempre que hablo, ¡el profesor me humilla y los demás del salón atacan mis puntos de vista de una manera muy cruel! Déjenme contarles qué pasó hoy. Mientras salíamos del salón, varios compañeros se me quedaban viendo y murmuraban. No pude escuchar lo que decían, pero yo sé, yo sé que estaban hablando de mí. Estoy harta y cansada de la forma en que los de ese salón me tratan.

NATALIE: No eres la única. Te sorprenderías de lo mal que me tratan los demás solo por ser inteligente y bonita. (*se toma una foto.*)

*Olga abre el refrigerador y lanza un grito.*

OLGA: ¿Quién hizo este desorden? Los botes de salsa no están tapados. La comida se está derramando de los recipientes. El queso no está donde debería estar. Odio el desorden. No puedo soportar la falta de orden y un refrigerador sucio. Ustedes dos, les ruego que limpien lo que ensucien. No puedo vivir en una pocilga.

*Una luz leve ilumina a Karen que está escribiendo y observando desde la esquina.*

*Las luces se apagan.*

## Escena 2

*Las luces se encienden. Las tres muchachas están descansando en el cuarto de estar mientras Karen escribe.*

OLGA: Hoy fui por última vez al centro estudiantil.

PAIGE: Disfrutas ir ahí. ¿A qué se debe el cambio?

OLGA: Las mesas están pegajosas y sucias. Nadie recoge las bandejas.

PAIGE: Bueno, yo ya no quiero ir a la escuela. Me gusta aprender cosas nuevas, pero es horrible la forma en que me tratan. La gente se ríe de mí. Sé que lo que están diciendo es ofensivo. A veces me dan ganas de atacarlos y sacarles los ojos.

NATALIE: Niñas, lo que de verdad me molesta es cuando otros me desaprueban o me critican simplemente porque soy bonita e inteligente. (*se toma una foto*) Como ya me han oído antes, me tratan de forma cruel todo el tiempo, incluso en clase. Cuando estuve en la sociedad de alumnos, acabé harta de las mujeres que estaban en la sociedad. Estaban tan celosas de lo bien que me veía, que incluso me fui al baño y me quité todo el maquillaje que llevaba en la cara. Incluso sentí que no debía expresar mis puntos de vista en cualquier asunto relacionado con el gobierno de la sociedad. Todos tenían envidia de mi inteligencia y de mis ideas tan profundas. Incluso los varones parecían verme con recelo. Me harté tanto, que renuncié. Díganme, ¿qué puedo hacer? ¿Hacer algo para que mi coeficiente intelectual sea más bajo e ir por ahí con el pelo sucio y sin maquillaje? (*se toma otra foto*)

OLGA: (*mirando hacia la esquina de Karen*) Karen, por cierto, queremos invitarte a algún lugar por tu cumpleaños. Por favor, acepta nuestra invitación.

KAREN: Gracias, niñas. Me encantaría.

*Las luces se apagan.*

# Escena 3

*Las luces iluminan un restaurant lleno de gente. Las cuatro están sentadas en una mesa. Olga truena los dedos para que la atiendan.*

OLGA: ¿Dónde están nuestras bebidas? ¡Servicio, por favor! ¡Ahora mismo!

*El Mesero 2 llega con una bandeja de bebidas. Las coloca en la mesa. Se va.*

OLGA: De acuerdo, niñas, vamos a cantar "Feliz cumpleaños a Karen".

*Las tres comienzan a cantar y Paige, de la emoción, tira la mitad de su bebida sobre el vestido de Olga.*

OLGA: ¡Por el amor de Dios, ten cuidado! Ensucia tu vestido, no el mío.

PAIGE: Perdón, pero por favor no vayas a comenzar a perseguirme. Ya tengo suficiente en la escuela.

OLGA: De acuerdo, pero tú sabes que no me gusta el desorden.

*Natalie se levanta.*

NATALIE: Perdón, niñas. Necesito pasar un momento al baño.

*Natalie camina y pasa junto a un hombre y una mujer que están en una mesa.*

SEÑOR EN EL RESTAURANTE: Por Dios, ve esa belleza.

MUJER EN EL RESTAURANTE: Su vestido está demasiado entallado y su maquillaje es terrible.

*Natalie se regresa y se vuelve a sentar en la mesa de sus amigas.*

NATALIE: ¿Oyeron eso?

OLGA:     Sí, oímos. Tú sabes que eres bonita y que te vistes muy bien.

*Natalie se toma de golpe su trago y, rápido, le hace señas al Mesero 2 para que le traiga otro.*

NATALIE: Se los iba a decir. Voy a entrar a un concurso de belleza y simplemente sé que voy a ganar. (*se toma una foto.*)

PAIGE:     Buena idea.

OLGA:     Todas estamos seguras de que vas a ganar.

*Las luces se apagan.*

## Escena 4

*Las luces iluminan el cuarto de estar. Natalie se está arreglando ante el espejo, planchando su pelo y depilándose las cejas; después pone los labios como si fuera a dar un beso. Karen escribe. Paige lee.*

NATALIE: Karen, ¿crees que soy bonita?

KAREN:   Eres muy atractiva y créeme que sé algo sobre belleza. Hice un poco de modelaje en la prepa.

*Olga entra.*

OLGA:    ¿Tú hiciste todo ese desorden en el baño?

NATALIE: No, yo solo me arreglé el pelo.

OLGA:    Mantén el baño tan bonito como tú, ¿de acuerdo?

NATALIE: Lo intentaré, Olga. Paige, tenía intención de preguntarte por el muchacho que conociste el otro día.

PAIGE:   Es bueno, pero demasiado sensible para mí. Tú me conoces, algunas veces soy muy directa, pero él se tomaba todo lo que decía de una forma muy personal. Era bueno, nada dominante ni envidioso como la mayoría de los sinvergüenzas con los que he andado. Ustedes saben, niñas, a la mayoría de los muchachos les encanta perseguirme solo porque tengo una personalidad fuerte. ¿Les conté de la última vez que lo vi? Estábamos hablando y dos tipejos comenzaron a hablarme. Al principio, la conversación parecía interesante, pero comencé a expresar mis puntos de vista con pasión sobre un tema que el profesor había tratado en clase. Y, antes de que me diera cuenta, los dos ya estaban en mi contra y me estaban humillado. (*hablando rápido*) Mi amigo y yo nos fuimos al salón de clases y los dos empezaron a gritar diciendo, "tengan cuidado con lo que le dicen a ella, si no quieren que los ataque". Uno de ellos añadió, "dejen de perseguirme". Ja, ja. Entonces alguien dijo, "es una paranoica". Y saben, Natalie y Olga, ¿qué es lo más ridículo? Que ellos son los que están paranoicos.

*Natalie y Olga asienten con la cabeza.*

OLGA: Karen, ¿qué piensas de todo esto?

KAREN: Esto es lo que sucede con las personas que llevan mucho tiempo con problemas. Se vuelven agresivas y adoptan la estrategia de la negación. Lo único que logran con la negación es posponer la solución de sus problemas.

OLGA: Por el amor de Dios, Karen, déjanos tranquilas. Ustedes los loqueros son todos iguales. Siempre que ven a alguien, creen que necesita ayuda. ¿Alguna vez se han puesto a pensar que quizás ustedes los psicólogos nos necesitan más a nosotros que nosotros a ustedes?

KAREN: Paige me pidió mi opinión.

OLGA: De acuerdo, Karen, tengo hábitos nerviosos y me obsesiona el orden. Pero, en vez de problemas, estos rasgos son recursos que me van a ayudar a tener éxito en la vida. Francamente, Karen, quizás eres tú la que tiene un problema. Te pasas las noches escribiendo notas. ¿En qué te diferencias de nosotras?

KAREN: Bien, Olga, para empezar, yo no me voy a mi cuarto y grito y después regreso y me peleo con Paige y Natalie. Cuando me acababa de mudar aquí, no veía tu comportamiento tan desequilibrado, pero ahora sí. A no ser que consigas ayuda, tu caso puede llegar a ser crítico y vas a perder el control que constantemente estás buscando.

*Antes de que Olga pueda responder a lo que Karen dijo, Natalie interviene.*

NATALIE: ¿De verdad crees que eres más inteligente que nosotras? Yo he tenido muchas conversaciones con mis amigas y las he ayudado mucho. Me lo han dicho. Yo soy la primera en admitir que las tres tenemos problemas, pero ¿quién no tiene? También estoy de acuerdo con Olga en que tu estilo de vida es en parte neurótico, pero eres capaz de vivir con ello, entonces, ¿por qué Olga no puede hacer lo mismo? Yo creo que Olga está muy bien en su vida. Karen, tú puedes haber estudiado Psicología, pero yo creo que sé más de Olga y de Paige y del comportamiento humano, que tú. De hecho, en mis clases, todos mis compañeros y profesores dicen soy muy brillante y aguda. ¿Qué te parece?

KAREN: Natalie, originalmente pensé que tu concepto de ti misma tan elevado, junto con tu seguridad personal, eran tu mayor fortaleza. Ahora, sin embargo, después de convivir contigo casi por dos semestres y escuchar tus conversaciones con Olga y Paige, comienzo a pensar que esos rasgos son tu principal debilidad.

NATALIE: ¿De qué rayos estás hablando?

KAREN: (*sonriendo de manera burlona*)
Bien, Natalie, estoy hablando de ti misma, tu tema favorito. Tu amor propio y adulación están fuera de control. Siento que eres una persona que está muy sola. Quieres amar a los demás por lo que son, pero no puedes porque no los dejas acercarse a ti. Natalie, no tienes espacio para ellos. Estás demasiado ocupada amándote a ti misma.

NATALIE: Bueno, escucho a mis amigos...

KAREN: Sí, sí, lo haces, siempre y cuando digan cosas que alimenten tu amor propio. Tu amor es unilateral, sí, es una calle de un solo sentido. ¿Y sabes qué, Natalie? Ese no es un amor maduro. Es un amor narcisista.

NATALIE: Karen, ¿me estás llamando narcisista?

KAREN: (*sonriendo*)
Tú eres quien hizo la pregunta.

NATALIE: Oh, por el amor de Dios, líbrenme de esta psicóloga de segunda. Ya he oído suficiente. Paige, ¿qué opinas de toda esta palabrería psicológica? Olga y yo creemos que simplemente no tiene sentido.

PAIGE: Yo creo que es más que mero sinsentido. Personalmente, creo que Karen me está persiguiendo. Yo creo que le caigo mal. Siempre que hablo con ella, es fría y poco amistosa. Me trata incluso como si no existiera.

*Paige se levanta, mira con furia a Karen y comienza a gritar.*

PAIGE: ¡Estoy harta de ti! ¡Harta! El otro día, por la noche, cuando estabas viendo la televisión con Olga y Natalie, te ofrecí traerte una taza de café y me respondiste con frialdad e indiferencia. "Yo puedo ir por ella, gracias". Y después, pude oír claramente lo que decías en la conversación y estabas hablando de mí. Estoy convencida, por tu tono de voz, que tú, Karen, me odias. ¡Me odias! Sé que estás tratando de poner a Olga en mi contra. Olga me regaña porque no limpio el refrigerador y sí creo que exagera, ¡pero no está en mi contra! Tú, Karen, en cambio, sí.

KAREN: Cuando me mudé a este departamento, les dije que algunas personas pensaban que era un poco fría, pero que eso no parecía molestarles. Simplemente me aceptan como soy, pero tú, Paige, te tomas todo muy personal y ves cosas que ni pienso ni siento sobre ti. Paige, a menudo te comportas de forma defensiva con sentimientos muy agresivos hacia mí. Al inicio, pensé, bueno, es solo una incompatibilidad de carácter. Pero ahora creo sinceramente que tienes un serio problema al creer que prácticamente todos te están persiguiendo y te quieren hacer daño.

PAIGE: Bueno, todos se sienten así en cierto grado.

KAREN: Sí, Paige. Tienes razón al decir "todos", pero tu complejo de persecución y el tomarte todo constantemente de forma personal hace que no seas como la mayoría de las personas. Incluso aceptas que cada vez te cuesta más trabajo relacionarte con los demás. Esos sentimientos de persecución y suspicacia sobre los demás te van a destruir si no haces algo.

*Karen se pone de pie.*

KAREN: De acuerdo, niñas, creo que ya tuvimos suficiente por hoy, pero quiero que sepan que de verdad me importan y me gustaría ayudarles. Quizás podemos hablar por separado.

*Las luces se apagan.*

# ACTO III

## Escena 1

*Las luces se encienden. Karen y Olga están sentadas en la esquina de la primera.*

KAREN: Me alegra que estés aquí. Comencé a preocuparme cuando te vi deprimida, irritable y durmiendo mucho tiempo durante el día.

OLGA: Tienes razón, Karen. He estado pensando en todo esto.

KAREN: Tus rituales obsesivo-compulsivos también se están saliendo de control. Eso me preocupa.

OLGA: (*molesta*)
Por favor, no los llames "rituales obsesivo-compulsivos". Son solo hábitos nerviosos.

KAREN: De acuerdo, de acuerdo. Tus hábitos nerviosos ya no te están funcionando.

OLGA: ¿A qué te refieres con que mis hábitos nerviosos ya no me están funcionando?

KAREN: Te cuesta trabajo estar bien en tu vida diaria. ¡Reconócelo, Olga! Eso es una señal de que te estás acercando a una neurosis en toda regla.

OLGA: ¿Quieres decir un colapso nervioso?

KAREN: Sí, en otras palabras, tus actividades cotidianas se ven afectadas por ello.

OLGA: (*llorando*)
Tienes razón, Karen, tienes razón.

KAREN: Te vi revisando el refrigerador y los grifos una y otra vez. Obviamente, ese tipo de comportamiento te desgasta.

OLGA: Estoy tan cansada por la mañana que tengo que dormir durante el día.

KAREN: Por supuesto, tienes que compensarlo.

OLGA: También he faltado a muchas clases.

KAREN: También has dicho que tus amigas y dos de tus profesores te preguntaron varias veces si estabas bien porque te veías muy cansada y tus calificaciones...

OLGA: (*interrumpiendo*)
Sí, mis calificaciones están empeorando.

KAREN: Paige y Natalie me han dicho que siempre estás nerviosa y que no te puedes relajar, y que cada vez estás peor.

OLGA: ¿Por qué están hablando de mí? Ellas también tienen sus problemas. Tú lo sabes.

KAREN: Déjame terminar, Olga. Dicen que ya no se divierten cuando salen contigo.

OLGA: (*enojada*)
Preferiría que me lo dijeran a la cara en lugar de estar hablando a mis espaldas.

KAREN: Dime cómo te sientes por todo esto.

OLGA: Bueno, estoy de acuerdo con algunas de las cosas que has dicho, pero sigo pensando que puedo superar mis problemas por mí misma. (*de pronto, rompe en llanto y deja caer la cabeza*) Simplemente, no sé qué hacer con todo esto.

KAREN: (*abrazando a Olga*)
Te voy a ayudar y vamos a trabajar en esto juntas.

OLGA: Por favor, Karen, dime, ¿por qué tengo esa obsesión por el orden y por controlar todo?

KAREN: ¿Cómo te sentías al inicio, cuando comenzaste con ese comportamiento compulsivo?

OLGA: (*hablando en voz baja*)
Mejor. Podía incluso relajarme y concentrarme mejor.

KAREN: Ahora, en cambio, esa obsesión por el control y el orden, y el comportamiento compulsivo resultante, no solo ya no te ayuda, sino que hasta puede volverse auto destructivo.

OLGA: (*indignada*)
¡Karen, basta! No creo ser auto destructiva.

KAREN: No, todavía no, porque estás desahogando tu frustración y agresividad en otros.

OLGA: ¡Yo no desahogo mi frustración en otros!

KAREN: Déjame terminar. Tus problemas y comportamiento no son muy distintos de los de un bebedor esporádico que se convierte en alcohólico.

OLGA: No entiendo.

KAREN: Cuando comienza a tomar se deshace del estrés, funciona. Pero, después de un poco de tiempo, necesita beber más y más para obtener alivio de su estrés y ansiedad. Después, por supuesto, su hábito de tomar se vuelve tan dañino que necesita buscar ayuda para superar el problema.

OLGA: ¿Por qué desarrollé esos patrones de comportamiento que me quitan las fuerzas?

KAREN: Psicológicamente estás desesperada, así que te entregas a un comportamiento ego-defensivo para poder salir adelante.

OLGA: ¿Tomar para salir adelante?

KAREN: Claro que no. Estoy comparando tu comportamiento con el del alcohólico para que puedas tener una mejor comprensión de ti misma. Pero debes entender que ese comportamiento es solo una solución a corto plazo.

OLGA: ¿Cómo un encubrimiento?

KAREN: Sí, una maniobra ego-defensiva que tu mente crea para conservar reprimido algo en tu inconsciente.

OLGA: ¿Por qué hago eso?

KAREN: Porque tendemos a tomar la salida más fácil y, por desgracia, el camino fácil no funciona a largo plazo.

OLGA: (*sollozando*)
Por favor, Karen, dime. ¿Qué puedo hacer?

KAREN: Necesitamos comenzar por tratar de llegar a la raíz de tus síntomas: obsesión por el orden, necesidad de control, etcétera. ¿Qué te parece si nos vemos dos veces a la semana? Estoy segura de que puedo ayudarte.

OLGA: Gracias, Karen. Gracias.

*Las luces se apagan.*

## Escena 2

*Las luces se encienden. Karen y Natalie están sentadas en la esquina de Karen.*

KAREN: Natalie, me alegra que quieras hablar conmigo.

NATALIE: Francamente, Karen, yo creo que esta terapia no es necesaria. Soy perfectamente capaz de superar mis problemas. Puedo resolver todos los problemas o lo que sea. Sí, Karen, cualquier cosa. Cuando me propongo algo, lo hago mejor que nadie.

KAREN: Bien, Natalie, tomando en cuenta lo que acabas de decir, ¿por qué estás aquí?

NATALIE: (*riendo*)
Creo que puede ser divertido. Olga lo pasó bien cuando habló contigo y me dijo que yo también me divertiría. Además, Karen, me caes bien.

KAREN: Natalie, he oído, incluso, espiado tus conversaciones con Olga y Paige.

NATALIE: ¿Espiado? ¿Qué te pasa?

KAREN: Cálmate, Natalie. Vivo en este departamento, en una esquina en la que puedo ver la cocina, el cuarto de estar y las tres puertas de sus habitaciones. A veces no me queda otra opción que escuchar tus conversaciones con Olga y Paige. Veo que tienes un problema para relacionarte con los demás y conservar a tus amigos por largo tiempo.

NATALIE: Tengo muchos amigos.

KAREN: También te he oído decir que quieres enamorarte.

NATALIE: Sí, ¿qué tiene de malo?

KAREN: Nada, pero todo el tiempo estás diciendo que los hombres no están a tu nivel y que ellos son unos completos "sinvergüenzas".

NATALIE: Otra vez, ¿qué tiene eso de malo?

KAREN: Bueno, con esa actitud, nunca vas a encontrar al hombre correcto. También recuerdo que le decías a las otras que el muchacho tenía que ser perfecto y que tenía que decirte constantemente cuán bonita e inteligente eras.

NATALIE: (*riendo*)
Ay, están exagerando. Soy exigente y tengo grandes expectativas sobre los hombres, pero también sobre la gente en general. Simplemente, soy así. Karen, no voy a perder mi tiempo con perdedores y gente inferior a mí.

KAREN: Natalie, ¿no te parece que estás yendo demasiado lejos?

NATALIE: ¡Absolutamente no!

KAREN: Escucha con mucha atención, Natalie. He conocido mujeres así y frecuentemente terminan siendo mujeres solas con problemas de alcohol.

NATALIE: Yo sí voy a encontrar al amor de mi vida. ¿Me oíste, Karen?

KAREN: Sí, Natalie, te oí. Quiero que pienses en una cosa. Cuando dices, "yo voy a encontrar al amor de mi vida", quizás deberías examinar lo que significa de verdad ese "yo". Eso podría ser parte de tu problema cuando te relaciones con los hombres y con tus amigos en general.

NATALIE: (*riendo*)
Ok, Srta. Loquera, pensaré en ello.

KAREN: También, Natalie, por favor, reflexiona en otra cosa que de verdad creo que se aplica a ti.

NATALIE: ¡Oh! ¿Otra cosa?

KAREN: Sí. Vamos a hablar primero del amor y luego de las amistades. Natalie, el amor es una calle de doble sentido. Los problemas frecuentemente aparecen cuando uno de los dos pasa mucho tiempo complacido en sí mismo.

NATALIE: ¿Yo? ¿Tengo mucho amor propio?

KAREN: Sí, mucho amor propio. También lo llaman narcisismo y a una persona así le queda poco amor para dar a otro.

NATALIE: (*con una voz muy severa*)
      ¿Está queriendo decir, Srta. Psicología, que yo solo me preocupo por mí misma?

KAREN:   (*con voz suave*)
      Solo piensa en ello, Natalie.

*Natalie se levanta y deja la esquina de Karen.*

KAREN:   ¿Nos vemos otra vez luego?

NATALIE: (*con sarcasmo*)
      Lo voy a pensar.

*Se va a su cuarto y cierra dando un portazo.*

*Las luces se apagan.*

# Escena 3

*Las luces se encienden. Paige se sienta en la esquina de Karen.*

KAREN:  ¡Hola, Paige! Bienvenida a mi pequeña esquina. ¿Cómo estás?

PAIGE:  Estoy bien.

KAREN:  ¡Qué bien! Pensé que sería una buena idea que las dos nos sentáramos a hablar un poco.

PAIGE:  ¿De qué?

KAREN:  Oh, solo cosas en general como la vida y sus cosas. Como tú sabes, ya hablé con Olga y Natalie.

PAIGE:  De acuerdo, pero yo no quiero oír sermones sobre que necesito cambiar mi forma de ser, etcétera, y no me gusta cuando la gente constantemente me molesta y me quiere humillar.

KAREN:  ¿Por qué crees que no le caes bien a la gente y te quiere humillar?

PAIGE:  Porque ellos no aprecian aquellas cosas de la vida que yo creo que son importantes.

KAREN:  ¿Qué cosas? Cuéntame.

PAIGE:  Bueno, como ellos no aprecian lo que yo aprecio, por eso están en mi contra. Karen, yo sé que la gente puede ser malvada y cruel.

Algunos me desean males y tienen intenciones malvadas, sí, malvadas. Una de las amigas de Olga, Susan, es de esas. Es poco considerada conmigo y yo simplemente sé que cree que estoy mal. Yo creo que la trae contra mí.

KAREN: Paige, ¿tú crees que tus compañeras de departamento están contra ti?

PAIGE: Bueno, no lo sé. (*alzando la voz*) Bueno, siempre me están diciendo que soy demasiado sensible y que a veces parezco paranoica.

*Paige se levanta y comienza a caminar yendo y viniendo por la habitación.*

PAIGE: ¡Esa maldita Susan! Lo único que sé es que, cuando estuvo aquí con Olga el otro día, se metió a mi cuarto e invadió mi privacidad. Vio mis correos. ¡Sé que lo hizo! Karen, había muchas cartas personales de mi novio. Sé que va a hablar de ellas e incluso va a inventar historias de que soy una mujer promiscua. Susan es mala ¡y quiere que otros piensen que yo también lo soy!

KAREN: Te oí en la cocina cuando te estabas tomando un café con Olga y Natalie. Te estabas quejando de una de tus clases en la que el profesor siempre te estaba humillando y que tus compañeros de clase te trataban mal. Has reconocido que tienes una personalidad fuerte. Paige, ¿crees que, a lo mejor, provocas que los demás saquen lo peor de sí? Te oí diciendo lo mismo de tus compañeros en la universidad y de lo rudos e insensibles que eran contigo. ¿No crees que a lo mejor no estás en el mismo canal que ellos?

PAIGE: ¿Que no estoy en el mismo canal?

KAREN: Sí, en otro canal, por eso te atacan, para defenderse y devolverte lo que les haces.

PAIGE: ¡No puedo creer lo que estás diciendo!

KAREN: Paige, hay un viejo dicho, "algunos no nos damos cuenta, pero nosotros mismos somos nuestro peor enemigo". Paige, ¿de verdad los otros son tus enemigos o eres tú misma tu peor enemigo?

PAIGE: Karen, ¡ya vamos a empezar! Simplemente eres igual a todos los demás que conozco, siempre agrediéndome y viéndome como una persona mala. ¡No necesito más de eso!

KAREN: Paige, yo no soy tu enemigo. De verdad, me caes bien y quiero ayudarte. Por favor, Paige, vamos a vernos otra vez la próxima semana, cuando Olga y Natalie estén en clases.

PAIGE: (*con voz más calmada*)
De acuerdo, ¡pero sé menos invasiva! ¡Estoy cansada de que me estés persiguiendo todo el tiempo!

KAREN: De acuerdo, Paige, pero recuerda que yo no me dedico a perseguir a las personas. Al contrario. Quiero hacer feliz a la gente y ayudarle a ser mejor, no a ser peor.

PAIGE: (*con frialdad*)
Te veo la próxima semana.

*Las luces se apagan.*

# ACTO IV

## Escena 1

*Las luces se encienden. Olga y Karen están sentadas en el cuarto de estar.*

KAREN:    Qué gusto verte, Olga. Por favor, siéntate.

OLGA:    Hola, Karen.

KAREN:    Ya hablamos bastante de tus problemas y te dije lo que pensaba de ellos. Tengo algunas sugerencias de lo que se podría hacer, pero primero déjame preguntarte algo. ¿Tú mamá tenía alguno de los rasgos de tu comportamiento actual?

OLGA:    ¡Dios mío! Karen, no vas a creer lo que te voy a decir. Mi Mamá estaba obsesionada con tener las cosas ordenadas. Era una completa fanática del control. Pero lo peor es que era fría, distante y malintencionada. Si no hacías bien las cosas, ella no te explicaba qué estabas haciendo mal según ella. En cambio, te regañaba muy fuerte y te repetía lo mismo una y otra vez. Mientras más me regañaba, más se enojaba. Después de sus regaños tan exagerados, aprendí a limpiar la cocina y el refrigerador y a tener todo ordenado. Después se convirtió en otra persona. Decía, "Ahora Mamá sí te quiere. Eres una niña muy buena". Eso me hacía sentir mejor, pero eran solo palabras frías y vacías.

*Olga se pone de pie y comienza a caminar por el cuarto.*

OLGA: Aprendí desde muy temprana edad a hacer exactamente lo que ella quería sin oponer resistencia, y yo nunca, nunca, cuestioné su autoridad. Sus regaños tan exagerados en relación con el orden y la limpieza siguieron desde mi niñez hasta mis años en la preparatoria. Conforme el tiempo pasó, entendí que la única forma de evitar que me estuviera regañando todo el tiempo era ser como ella. Incluso durante mi adolescencia, seguí sometiéndome a todas sus exigencias. Cuando tenía unos trece años, me di cuenta de que me estaba convirtiendo en alguien exactamente igual a ella. Incluso algunos de mis mejores amigos se enojaban conmigo y decían que me parecía a mi Mamá. Los únicos adultos a los que les caía bien eran aquellos que se parecían a mi Mamá.

Una vez que terminé la preparatoria y entré a la universidad, tuve mi propio cuarto. A no ser que estuviera con otros o interactuando con ellos, simplemente me acepté a mí misma como era: una loca obsesionada con el control. Nunca volví a tener problemas con eso. Karen, como las dos sabemos, mis hábitos nerviosos me controlan. No soy yo quien los controla. (*con una voz llena de desesperación*) Karen, necesito ayuda, ¡y la necesito mucho!

KAREN: Quiero que vayas a la universidad y que veas a una amiga mía. La conozco bien y puede ayudarte.

*Las luces se apagan.*

## Escena 2

*Las luces se encienden. Natalie entra a la esquina de Karen.*

NATALIE: Bien, Karen. Aquí me tienes. Decidí verte otra vez.

KAREN: Natalie, he estado pensando en lo que te pasa. Siéntate. ¿Cómo te llevabas con tu Papá?

NATALIE: Gracias por tocar el tema. Mi Papá es mi tema favorito. Es perfecto. Quiero decir, PER-FEC-TO. Cuando miro hacia atrás, creo que mi Mamá tenía un poco de resentimiento por nuestra cercanía. Mi Papá y yo hacíamos todo juntos. Me llamaba "mi princesita" y yo lo llamaba "mi rey". (*se pone de pie*) Todos en la escuela nos tenían envidia. Cuando yo jugaba baloncesto, él siempre iba a los juegos. Bueno, en realidad, yo no jugaba tanto, pero cuando me hice porrista, él decía que era la mejor porrista del grupo. Papá me llevaba a los mejores restaurantes de la ciudad. Íbamos solo nosotros dos. Era un perfecto caballero, perfecto en todos los sentidos.

(*se sienta*) Mi Papá me decía que, cuando me fuera a casar, lo hiciera con un hombre con muchas cualidades. También me decía, "Asegúrate de que sea un hombre que te trate perfectamente y que sepa apreciar tus extraordinarias cualidades". En relación con las demás personas, grabó en mi alma la importancia de relacionarme siempre con gente de mucha calidad.

KAREN: Natalie, honestamente, creo que debes reflexionar en algo. Amas a tu Padre casi demasiado.

NATALIE: (*poniéndose de pie, llena de ira*) ¡Cómo te atreves a decir eso!

KAREN: Siéntate y escucha. Quieres ser como él. Quieres casarte con un hombre que sea igual que él. Quizás, peor aún, esperas que los demás sean como tu Papá. Con frecuencia dices, "Perfecto y con muchas cualidades".

NATALIE: ¿Qué tiene eso de malo?

KAREN: Los novios y los amigos en general no pueden, lo repito, no pueden poseer esas cualidades y altas exigencias que tú tienes. No te das cuenta, pero yo creo que esa es la raíz de tus problemas. Todo tu amor y admiración son para tu Papá, por tanto, no puedes amar a otros en la forma en que lo necesitan o quieren ser amados. Además, otros no podrán o no querrán tener los estándares de perfección de tu Papá. Esto te aleja de los demás. Te has sobreidentificado con tu Papá y eso es lo que ha causado tus problemas en el campo de la madurez social.

Este, a veces, es un problema común en las mujeres. Puedes cambiar la forma en que ves a tu Papá y cambiar la imagen que tienes de ti misma, y seguir queriéndolo. Al mismo tiempo, puedes convertirte en una mujer más feliz y realizada. Mi amiga de la universidad ha trabajado con muchas mujeres con problemas similares. Te sugiero que vayas a verla.

*Las luces se apagan.*

# Escena 3

*Las luces se encienden. Paige entra a la esquina de Karen.*

KAREN:    Bienvenida a mi pequeña esquina, Paige. Por favor, siéntate.

PAIGE:    Hola, Karen.

KAREN:    Basada en todo lo que sé de ti, no creo que tu complejo de persecución y tus problemas de personalidad tengan su raíz en la niñez. Tú tía, de la que me hablaste, era parecida. Por eso, cuando dices que heredaste algunos de sus rasgos temperamentales, estoy de acuerdo contigo. Simplemente, tú eres así. Pero ese complejo de persecución y suspicacia están complicando tus relaciones con los demás y causándote mucho estrés.

*Paige comienza a llorar.*

KAREN:    No puedes cambiar totalmente. Simplemente acepta que tú puedes hacer que la gente saque lo peor de sí. Reflexiona y hazte más consciente de cómo tu actitud defensiva y agresiva afecta a los demás y, en consecuencia, provoca reacciones contra ti.

KAREN:    No es que estés en una situación crítica, pero al mismo tiempo, mereces disfrutar tus relaciones cotidianas con la gente a la que quieres. Paige, yo creo sinceramente que la psicóloga clínica de la universidad te puede ayudar.

PAIGE: (*confundida*)
Pero tú dices que no necesito a un loquero...

KAREN: Y lo digo en serio, usando tus palabras. No necesitas a un loquero.

PAIGE: Entonces, ¿por qué quieres que vea a uno?

KAREN: Porque esta mujer es muy buena para enseñar a las personas a tener buenas relaciones con los demás.

PAIGE: ¿De verdad crees que pueda ayudarme?

KAREN: Sí, Paige. A ella no le interesa investigar tu inconsciente o tu vida pasada. Lo que te quiero decir, Paige, es que ese tratamiento no es necesario, pero necesitas aprender ciertas habilidades para relacionarte. Esta amiga es muy buena para este tipo de terapias.

*Las luces se apagan.*

# Escena 4

*Las luces se encienden. Natalie, Paige y Olga están sentadas en el cuarto de estar.*

OLGA:  Niñas, ¿cómo se sienten?

PAIGE:  ¡Muy bien!

NATALIE: ¡Vamos a brindar por ello!

*Chocan sus vasos.*

PAIGE:  ¿Hice bien mi papel?

OLGA:  ¡Fuiste increíblemente creíble!

NATALIE: Somos muy buenas actrices.

OLGA:  ¡Espera! ¿Creen que debemos decirle a Karen lo que hicimos? Recuerdo muy bien el día que nos dijo que no podía pagar un viaje a Brasil para su estudio de campo. Se veía tan triste, que aquel día planeamos ser su campo de estudio.

NATALIE: Hicimos algo bueno. Por ello seamos discretas y no le digamos nada.

PAIGE:  Estoy de acuerdo.

OLGA:  No, he estado pensando en ello. Digámosle lo que hicimos.

PAIGE:  Se va a sorprender mucho.

NATALIE: O se va a enojar.

*Karen entra al departamento.*

KAREN:    Hola, niñas.

OLGA:    Karen, tenemos algo que decirte. Quisimos ser tus sujetos de estudio para tu estudio de campo porque no podías pagar el viaje a Brasil. Decidimos fingir nuestras personalidades. Lo sentimos mucho.

KAREN:    (*sonriendo*)
Gracias, niñas.

OLGA:    (*sorprendida*)
¿Por qué nos das las gracias? ¿No estás enojada?

KAREN:    Estaba pensando en escribir mi tesis y un artículo para una revista científica, pero me di cuenta de que ustedes estaban fingiendo. Así que decidí escribir mejor una obra de teatro.

OLGA:    Muchachas, ¡nos la devolvió!

NATALIE:    ¿Qué quieres decir?

OLGA:    Nos usó para escribir una obra de teatro.

*Las luces se apagan.*

# Juntos para siempre

## Personajes

ALESSIA, una mujer al inicio de sus veintes.

VITTORIO, un hombre al final de sus cuarentas.

FRANCESCA, una mujer al inicio de sus cuarentas.

INVITADO DE LA BODA

JOVEN BEATRICE, una mujer al inicio de sus veintes.

JOVEN VITTORIO, un joven a la mitad de sus veintes.

NIÑA ALESSIA, de unos dos o tres años.

BEATRICE, una mujer al inicio de sus cuarentas.

POLICÍA

## Ubicación

Nueva York

## Fecha

En la actualidad.

## Pinturas de Goya a las que
## se hace referencia en la obra

1. *Los duques de Osuna y sus hijos.*

2. *Retrato de María Teresa de Borbón y Vallabriga*

3. *Retrato del conde de Fernán Núñez*

4. *La última comunión de san José de Calasanz*

5. *Conjuro*

6. *Majas en el balcón*

7. *Saturno devorando a uno de sus hijos*

8. *Manola (La Leocadia)*

9. *La degollación*

10. *Vuelo de brujas*

11. *El tiempo de las viejas*

12. *Asmodea*

# ACTO I

## Escena 1

*Las luces se encienden. Alessia entra al penthouse de Vittorio. Deja caer su maleta y se abrazan.*

VITTORIO: Bienvenida a casa, mi talentosa hija.

ALESSIA: ¿Talentosa? Papá, tú eres el artista reconocido. Yo no lo soy.

VITTORIO: Según tus profesores, ¡fuiste la mejor de la clase!

ALESSIA: (*besando a su Papá en la mejilla*)
De tal palo, tal astilla. Ahora necesito encontrar un trabajo y un departamento.

VITTORIO: Por favor, quédate conmigo. Este *penthouse* se me hace muy grande desde que tu Mamá murió. Además, yo estoy la mayor parte del tiempo en congresos de arte. Puedes usar mi estudio. Ya no pinto tanto como antes.

ALESSIA: Si no te estorbo, entonces me quedo. Gracias. Papi, ¿te acuerdas de cuando era niña y pasábamos horas pintando en el estudio?

VITTORIO: Sabía que tenías talento. Pintabas a los niños como en las pinturas de Francisco de Goya.

ALESSIA: (*sonriendo*)
Sí, lo recuerdo.

*Pintura al fondo del escenario: Los duques de Osuna y sus hijos.*

VITTORIO: Te gustaba mucho el duque...

ALESSIA: (*interrumpiendo*)
de Osuna. Recuerdo cómo Goya pintó al duque inclinándose ligeramente hacia el frente como si estuviera protegiendo a su hija mayor.

VITTORIO: Me acuerdo de cómo te reías cuando estabas pintado sus negras pupilas. Por cierto, ¿algún novio?

ALESSIA: No, no he encontrado a nadie todavía. Mis compañeras de dormitorio me decían que necesitaba un hombre justo como tú.

VITTORIO: (*sonriendo*)
Me voy a Inglaterra la próxima semana para dar una conferencia en un congreso sobre Goya.

ALESSIA: Oh, Papá. Sigue siendo mi pintor favorito. Igual que tú.

*Las luces se apagan.*

# Escena 2

*Las luces se encienden. Alessia está pintando en un caballete en el estudio. Vittorio entre y la abraza.*

VITTORIO: ¿Cómo está mi niña hermosa?

ALESSIA: (*dándole un beso*)
Bien. Mira lo que estoy pintando.

*Vittorio camina hacia el caballete.*

*Pintura al fondo del escenario: Retrato de María Teresa de Borbón y Vallabriga.*

VITTORIO: Déjame ver... ¡precioso! El rostro es perfecto. Alessia, eres una de las mejores. Mejor que tu papá.

ALESSIA: Gracias, Papá. Me gusta pintar a gente feliz. Quiero que quien vea mis pinturas se sienta bien. Papá, ¡mira esta!

*Pintura al fondo del escenario: Retrato del conde de Fernán Núñez.*

VITTORIO: (*tomando el lienzo*)
Déjame ver... Mira las combinaciones de gris, negro y amarillo. Son características de Goya. Mira el blanco de la corbata, los volantes de la camisa, la pierna derecha junto con negro, resaltada por... Alessia, ¡pintaste mi cara en el cuadro!

ALESSIA: Me gusta tu cara, Papá. Déjame mostrarte otro.

*Pintura al fondo del escenario: La última comunión de san José de Calasanz.*

VITTORIO: (*riendo*)
Dios mío, Alessia. Me convertiste en sacerdote.

ALESSIA: No, Papá, ¡eres san José!

VITTORIO: Buen trabajo, Alessia. Y ahora, ¿soy un santo?

ALESSIA: Sí, lo eres. Vamos a cenar a nuestro lugar favorito.

*Las luces se apagan.*

# Escena 3

*Las luces se encienden. Vittorio y Alessia están sentados en un restaurant. Vittorio se ve serio.*

VITTORIO: Alessia, he notado que en la mayoría de tus pinturas hay tres personas: Francisco de Goya, tú y yo. Tienes mucho talento e imaginación. ¿Por qué no pintas otra cosa? Sal del estudio. Ve algo distinto. Deja a Francisco de Goya descansar un poco.

ALESSIA: Estoy apegada a él.

VITTORIO: (*riendo*)
Y ahora estás tomando vino tinto como él.

ALESSIA: Sí, Francisco.

*Las luces se apagan.*

## Escena 4

*Las luces se encienden. Unos momentos más tarde, en el mismo restaurant. Vittorio y Alessia están cenando y riendo. Francesca se acerca a la mesa y saluda a Vittorio con un beso en cada mejilla.*

FRANCESCA: ¡Vittorio! ¿Cómo estás? No te he visto desde aquella conferencia sobre *Los Caprichos* de Goya.

VITTORIO: (*poniéndose de pie*)
Francesca, qué gusto verte. Por favor, siéntate. Déjame presentarte a mi hija Alessia.

FRANCESCA: (*extendiéndole la mano cordialmente*)
Me da mucho gusto conocerte. Estás adquiriendo mucha reputación como pintora.

ALESSIA: (*educada, pero fría*)
Mucho gusto, Francesca.

FRANCESCA: Tu papá es muy buen amigo. Por cierto, va a haber una exhibición privada de Magritte la próxima semana. Quizás podríamos cenar juntos después.

VITTORIO: Qué buena eres. Ahí estaré sin falta.

ALESSIA: (*murmurando*)
Qué bárbara, quiere enredarlo.

*Las luces se apagan.*

# Escena 5

*Las luces se encienden. El escenario está casi obscuro.*
*Alessia está pintando en el estudio. Vittorio entra.*

VITTORIO: ¿Cómo está mi querida hija?

ALESSIA: (*con frialdad*)
Bien. ¿Cómo estás?

VITTORIO: ¿Segura que estás bien?

*Pintura al fondo del escenario: Conjuro.*

ALESSIA: (*todavía con frialdad*)
Estoy bien, pero ¡estas malditas pinturas!
Simplemente no logro que me salgan bien.

*Vittorio toma unos lienzos del piso y comienza a*
*examinarlos.*


VITTORIO: Alessia, estas pinturas me recuerdan al
*Conjuro* de Goya, donde un grupo de brujas
rodean a una mujer asustada. Una bruja lee el
conjuro con la luz de una vela. Alessia, el
personaje de amarillo está diciendo un
encantamiento. ¿Sobre quién? Dime.

ALESSIA: No lo sé... Simplemente, tomé la idea de
Goya. No conozco el significado de los
personajes. Simplemente estaba intentando
hacer algo distinto.

*Las luces se apagan.*

## Escena 6

*Las luces se encienden. Seis meses más tarde. Alessia está pintando en el caballete en el estudio. Vittorio entra.*

ALESSIA: Hola, Papá.

VITTORIO: Necesito hablar contigo sobre algo muy importante. Me voy a casar con Francesca.

*Alessia, muy enojada, arroja pintura negra sobre su cuadro.*

ALESSIA: Bien, Papá.

VITTORIO: Déjame ver tus otras pinturas.

*La rodea para ver sus otros lienzos.*

*Pintura al fondo del escenario: Majas en el balcón.*

VITTORIO: Esta es buena, pero la mujer que está a la derecha parece una prostituta. ¡Alessia! Su rostro se parece al de Francesca. (*alzando la voz*) ¿Qué te pasa? ¿Dónde está la maravillosa artista que quería pintar gente feliz? Tus pinturas son macabras e incomodan. ¡Mira esa que está en la esquina! Saturno es una mujer.

*Pintura al fondo del escenario: "Saturno devorando a uno de sus hijos".*

VITTORIO: Está enojada y parece violenta. Se parece a Francesca. Se está comiendo la cabeza de una niña pequeña. Estoy muy enojado contigo.

*Sale del estudio.*

*Las luces se apagan.*

## Escena 7

*Las luces se encienden. Unos días más tarde. Cuarto de Alessia. El escenario está casi a obscuras, excepto por una luz que ilumina a Alessia.*

VOZ DE VITTORIO: Alessia, ¿dónde estás?

*Se oye que alguien llama a la puerta.*

ALESSIA:  Pasa, Papá.

*Pintura al fondo del escenario: Manola (La Leocadia).*

VITTORIO: ¿De dónde sacaste ese vestido?

ALESSIA:  Compré la tela y lo cosí yo misma.
           (*sonriendo cordialmente*) Papi, ¿me parezco
           a la amante de Goya, Leocadia?

VITTORIO: Sí.

ALESSIA:  (*feliz*)
           Gracias, Papá.

VITTORIO: (*mirando por el cuarto*)
           Alessia, las paredes de tu estudio se parecen a
           las de la *Quinta del Sordo* que era propiedad
           de Goya.

ALESSIA:  ¿A qué te refieres, Papá?

VITTORIO: Las pinturas se parecen a las *Pinturas negras* de Goya. Muy obscuras y tenebrosas. Alessia, algunas mujeres se parecen a ti, pero las mujeres más grotescas se parecen a Francesca.

ALESSIA: (*sonriendo*)
No me había dado cuenta, Papá.

*Las luces se apagan.*

## Escena 8

*Las luces iluminan solo a Alessia. Alessia está pintando en el estudio. Vittorio entra, sonriendo.*

VITTORIO: Alessia, ¡te tengo una buena noticia!

ALESSIA: (*murmurando*)
Ojalá hayas terminado con Francesca.

VITTORIO: El museo quiere que tengas tu propia exposición. Ten preparados tus mejores trabajos.

ALESSIA: (*sorprendida*)
Sí, Papá. ¡No puedo creerlo!

*Las luces se apagan.*

# Escena 9

*Las luces se encienden. Vittorio y Alessia están en la galería.*

VITTORIO: Alessia, veo que algunas de las pinturas que tenías en el estudio están aquí en la exhibición.

ALESSIA: Sí, pero tengo otras dos que todavía no has visto. Acompáñame.

*Lo toma de la mano y lo lleva a una esquina, donde está Francesca viendo las pinturas.*

VITTORIO: Francesca, me da mucho gusto que hayas podido... ¿Pasa algo malo?

*Francesca señala las pinturas.*

FRANCESCA: Estas pinturas son despreciables, horribles y desagradables...

VITTORIO: (*mirando a las pinturas*)
Alessia, por el amor de Dios. ¿Qué has hecho?

ALESSIA: (*sonriendo*)
No sé a qué te refieres, Papi.

*Las luces se apagan.*

## Escena 10

*Ese día, por la noche, en el estudio. Vittorio le está gritando a Alessia.*

VITTORIO: ¡Ya colmaste mi paciencia! Veo que no te cae bien Francesca. Nunca me lo habías dicho, pero ahora veo que expresaste tu antipatía a través de tus pinturas. Te quiero mucho. Quizás yo no quise darme cuenta de lo mal que te caía. Alessia, he estado solo desde que tu Madre murió.

ALESSIA: Papi, yo te apoyo. Tú eres todo para mí. ¿No te gustaron mis pinturas, Papi?

VITTORIO: Le pedí al encargado que quitara dos de las pinturas.

*Pintura al fondo del escenario: La degollación*

VITTORIO: Alessia, la cara de la mujer en una de ellas es la de Francesca.

*Pintura al fondo del escenario: Vuelo de brujas.*

VITTORIO: En la otra, al igual que en *Vuelo de brujas*, todos los rostros se asemejan al de Francesca. Alessia, por favor, siéntate. Dime qué es lo que estás pensando.

ALESSIA: (*inocentemente*)
Nada, Papá. Solo pinto lo que siento y lo que sería mi interpretación personal de las

pinturas de Francisco de Goya. Tú me
enseñaste todo sobre Goya.

*Las luces se apagan y se encienden para mostrar el paso
del tiempo. Una semana más tarde. Alessia entra al
estudio.*

ALESSIA: Papá, por favor, ven a ver lo que estoy
pintando. Ya no estoy haciendo pinturas
grotescas. Mira las nuevas pinturas que hice
de Francesca. ¿Te gustan, Papi?

VITTORIO: Sí, gracias.

*Vittorio cierra la puerta y se va. Alessia cierra la puerta
con llave.*

ALESSIA: Sí, sí. Tengo que pintar lo que siento. Las
escenas son negras. Ahora puedo pintar a
Francesca como es: agresiva y celosa.

*Se sirve un vaso de vino tinto.*

ALESSIA: Mejor me doy prisa porque en unas semanas
es la boda. Tengo que hacer un cuadro para
dárselo como regalo de bodas.

*Se ríe.*

*Las luces se apagan.*

## Escena 11

*Las luces se encienden. La recepción de la boda se tiene en el estudio. Al fondo se escucha música tranquila. Vittorio le sonríe a Francesca y levanta su copa para hacer un brindis.*

VITTORIO: Amigos, mi querida hija Alessia ha pintado un cuadro especial como regalo de bodas para Francesca y para mí. ¡Brindemos por mi maravillosa hija! Alessia, por favor, revela la pintura.

*Pintura al fondo del escenario: El tiempo de las viejas.*

*Los invitados carraspean después de que Alessia descubre la pintura. La pintura de Alessia solo muestra a una mujer vieja y sin dientes. Esta vestida como la novia con un vestido ligero.*

VITTORIO: Alessia, ¿que has hecho? ¡Llévate de aquí inmediatamente esa horrible pintura!

*Alessia toma la pintura y se va sonriendo.*

VITTORIO: (*mirando al público*)
Por favor, les pido una disculpa tanto a mi esposa como a ustedes.

INVITADO DE LA BODA: ¡Brindemos por los recién casados!

# Escena 12

*En el cuarto de Alessia. Se oye que llaman a la puerta.*
*Vittorio entra.*

VITTORIO: Alessia, ya se fueron todos. ¡Estoy cansado
y harto de ti! Quiero que te vayas mañana de
esta casa. Te voy a rentar un departamento
cerca del museo. Voy a proveer a todas tus
necesidades. No volverás a ser bienvenida en
esta casa hasta que no tenga la certeza de que
eres nuevamente la hija cariñosa que yo tenía.

ALESSIA: (*abrazando a su papá*)
Francisco, no me corras. Ven a vivir conmigo
a la *Quinta del sordo*. Te amo. Yo te voy a
cuidar. Eres mi único amor. Por favor, ven
conmigo.

*Llora y lo abraza.*

*Las luces se apagan.*

## Escena 13

*Pintura al fondo del escenario: Manola (La Leocadia).*

*El escenario está casi obscuro. Dos meses después. Alessia está acostada en el piso vestida como Leocadia en la pintura. Lleva puesto un vestido largo de color negro con encaje en la parte superior y una mantilla negra. Tiene a su alrededor botellas vacías de vino tinto y sus propias pinturas negras esparcidas por el piso.*

*Las luces se apagan.*

# ACTO II

## Escena 1

*Departamento de Vittorio. Francesca y Vittorio están hablando.*

FRANCESCA: Vittorio, ven, siéntate conmigo. Por favor, cuéntame que está pasando con Alessia. ¿Siempre estuvo tan apegada a ti? ¿Cómo era de niña? Quiero entenderla.

*Las luces se apagan.*

## Escena 2

*Las luces se encienden. Beatrice y Vittorio de jóvenes están en el estudio. La joven Beatrice carga a la niña Alessia, que está llorando.*

JOVEN BEATRICE: Vittorio, por favor, ayúdame a cargar a Alessia. Simplemente no quiere dejar de llorar.

JOVEN VITTORIO: Claro, déjame ayudarte.

*Le da a la niña que de pronto se calla.*

JOVEN BEATRICE: ¡Mírala! Ahora se ve que está más a gusto y ya dejó de llorar.

JOVEN VITTORIO: ¡Vamos a llevarla a dar la vuelta!

JOVEN BEATRICE: ¡No! Siempre que salimos a dar la vuelta, llora hasta que no te sientas con ella en el coche y entonces yo tengo que manejar todo el tiempo. ¡No, no quiero ir a dar la vuelta!

JOVEN VITTORIO: Entiendo. Mejor vamos a quedarnos en casa y de seguro se va a quedar dormida.

JOVEN BEATRICE: Bien, pero ella siempre quiere que tú la cargues cuando se va a dormir. Ya sabes lo que pasó anoche.

JOVEN VITTORIO: No, ¿qué pasó?

JOVEN BEATRICE: Vino a nuestra cama y caminó a gatas entre los dos. Comenzó a pellizcarme.

Le dije que me dolía. Sonrió y se acurrucó más cerca de ti. Mis amigos dicen que es "la niña de los ojos de su papá". Eso me preocupa.

JOVEN VITTORIO: ¿Por qué no llamas al pediatra?

JOVEN BEATRICE: Ya lo hice. Me dijo que no me preocupara porque se le va a pasar. También le conté que con frecuencia moja la cama cuando no duerme con nosotros.

JOVEN VITTORIO: Sí, sí. Y qué dijo.

JOVEN BEATRICE: Me dijo que también se le iba a pasar.

JOVEN VITTORIO: Vamos a dejarla dormir con nosotros. Al menos por el momento.

*Las luces se apagan.*

# Escena 3

*Las luces se encienden. El estudio diez años más tarde.*

BEATRICE: Me llamaron de la escuela.

VITTORIO: ¿Todo bien?

BEATRICE: En realidad, no. Dicen que Alessia está muy inquieta en una de las clases y, al parecer, molesta al profesor. Hablé con el orientador escolar. Dice que las niñas de su edad atraviesan por cambios hormonales y que frecuentemente se comportan de forma inmadura y que pueden actuar de forma inapropiada. El orientador me dijo que se necesita paciencia y estar atentos. Mencionó algo del complejo de Electra.

VITTORIO: Conozco ese mito, pero déjame leer un poco más sobre él y ver cómo se podría aplicar a Alessia.

BEATRICE: Aún hay más.

VITTORIO: Dime, dime.

BEATRICE: Alessia está enamorada de su profesor. Las cosas se pusieron tan mal que fui a una reunión con el director, el orientador y el profesor. Alessia le llama por teléfono al profesor por las noches. No es un problema para la disciplina de las clases, pero están preocupados por su apego a él.

VITTORIO: ¿Has hablado con Alessia sobre esto?

BEATRICE: Sí, pero solo se ríe o se enoja. Voy a volver a hablar con ella, pero tú también tienes que hablar con ella.

*Las luces se apagan.*

# Escena 4

*Las luces se encienden. Seis años después, en el estudio.*

BEATRICE: Bien, Alessia ya tiene diecinueve años. Parece que disfruta la vida en la universidad, pero a mí se me hace que pasa demasiado tiempo contigo. Tiene novio, pero dice que prefiere a alguien que sea como su Papá.

*Las luces se apagan.*

## Escena 5

*Las luces se encienden. Otra vez en el presente, Vittorio y Francesca en el estudio. Suena el teléfono. Vittorio responde.*

VITTORIO: ¿Sí? (*pausa*) Sí, soy yo. (*pausa*) Voy para allá.

*Cuelga el teléfono.*

VITTORIO: Francesca, tengo que irme. Era el portero de los departamentos de Alessia.

*Las luces se apagan.*

# ACTO III

## Escena 1

*Las luces iluminan el departamento de Alessia. Hay botellas de vino vacías sobre la mesa. Vittorio entra. Alessia camina tambaleándose para abrazarlo.*

ALESSIA: ¡Francisco de Goya, volviste!

*Pintura al fondo del escenario: Asmodea.*

ALESSIA: Asmodea ya no tiene que marcharse porque Leocadia está aquí contigo. Francisco, por favor, siéntate. Toma un vaso de vino.

*Le sirve un vaso. Vittorio lo toma con tristeza.*

VITTORIO: Gracias.

ALESSIA: Francisco, mira a tu izquierda mi pintura más reciente. Va a ser una secuencia de tres pinturas.

VITTORIO: Déjame ver... Número uno. Alessia, Leocadia le está diciendo algo a Asmodea en esta pintura. ¿Me puedes decir qué es?

ALESSIA: ¡Oh! Francisco, Leocadia le está diciendo a Asmodea, "No tienes por qué irte. Estoy feliz ahora".

VITTORIO: (*examinando la pintura*)

Dime, Alessia, Asmodea está apuntando con
el dedo a alguien que sangra mortalmente.
¿Quién es esa persona?

ALESSIA: (*sonriendo*)
Tú sabes quién es, Papá. Déjame mostrarte la
pintura número dos. ¿Te gusta? Papi, dime si
te gusta.

VITTORIO: ¿Me la puedes explicar?

ALESSIA: Mira, Goya está de pie con los brazos
abiertos. Leocadia y Asmodea se están
volviendo una misma mujer. Mira, Papá, es la
síntesis de dos mujeres que caminan hacia
Goya. Las dos mujeres están sonriendo y se
muestran satisfechas.

VITTORIO: Ya veo...

ALESSIA: (*tomando de su vaso de vino*)
¿Ves, Goya? Estás dejando a Leocadia ya en
el pasado. Francisco de Goya y Lucientes,
mira la tercera pintura. ¡Cierra los ojos, Papá!
Abre los ojos. Papá, ¡ve la pintura! ¿Qué te
parece, Papi?

VITTORIO: Por favor, explícamela.

ALESSIA: (*sosteniendo la pintura*)
Goya está sentado muy feliz y sostiene una
hermosa figurita en sus brazos. El rostro es el
de Leocadia, pero el cuerpo es el de un niño.

VITTORIO: Alessia, ¿podrías ya olvidarte de eso? ¿Puedes?

ALESSIA: ¿Por qué, Goya? No tengo por qué hacerlo. Verás por qué en mi cuarta pintura.

*Vittorio, con el corazón roto, comienza a irse, pero vuelve hacia Alessia.*

VITTORIO: Antes de irme, ven a la casa el próximo sábado y cena con Fracesca y conmigo. Nos daría mucho gusto verte en casa.

ALESSIA: Gracias. Sería bonito.

*Las luces se apagan.*

# ACTO IV

## Escena 1

*Las luces iluminan el departamento de Vittorio. Vittorio abre la puerta y saluda a Alessia con un beso en la mejilla. Alessia lleva un lienzo enrollado.*

VITTORIO: Alessia, gracias por venir. Ven, siéntate, por favor. ¿Qué tienes ahí?

ALESSIA: ¡Oh! Es la cuarta pintura que te dije que iba a terminar. Está casi... Sí, está casi terminada. La vemos después de cenar. ¿Te parece bien, Papá?

*Francesca entra a la habitación.*

FRANCESCA: Alessia, ¡qué gusto verte! Te ves preciosa con ese vestido de satín dorado. El mantón rojo combina muy bien. Te pareces a la Asmodea de Goya.

*Se sientan en la mesa del comedor.*

VITTORIO: Brindo por mis mujeres favoritas.

ALESSIA: (*resignada*)
Sí, mis dos favoritas.

FRANCESCA: Gracias por venir. Te ves preciosa. Alessia, tu Papá ha subido un poco de peso desde que nos casamos. No tenemos que pelearnos por él. Ya es suficiente con tener que aguantarnos a las dos.

*Todos ríen.*

ALESSIA: ¿Me sirven un poco de vino, por favor?

FRANCESCA: Claro. (*Francesca les sirve una copa a cada uno.*) Tu Papá me dijo que estás trabajando mucho en tus cuadros. A todos les dice que eres muy buena y está orgulloso de ti.

ALESSIA: ¿Me pueden dar un poco más de vino?

VITTORIO: Sí, siempre y cuando nos permitas a mí y a Francesca llevarte a casa.

ALESSIA: No va a hacer falta.

*Las luces se apagan.*

## Escena 2

*Las luces iluminan la mesa del comedor después de la cena. Alessia está muy emocionada. Vittorio y Francesca están sentados a la mesa.*

ALESSIA: ¿Están listos para ver mi pintura?

FRANCESCA: Sí, nos morimos por verla.

*Alessia descubre el lienzo.*

ALESSIA: ¿Te gusta, Papi?

VITTORIO: Sí, me gusta. Es el balcón del estudio. Los detalles son muy bellos. Déjame ver... ¿No crees que una piedra gris necesita un poco de color? También me llama la atención que no hay gente en la pintura. Eres extraordinaria para pintar personas y expresiones faciales.

FRANCESCA: ¡Es precioso! Alessia, ven al balcón y ve las flores que acabo de poner. Te va a gustar el color que está cerca de la piedra gris.

ALESSIA: De acuerdo.

VITTORIO: Voy a recoger la mesa mientras tú le muestras las flores.

*Las luces se apagan.*

## Escena 3

*Las luces se encienden. Alessia y Francesca están en el balcón, a la izquierda del escenario. Vittorio está recogiendo los platos de la cena en el comedor, a la derecha del escenario.*

*Alessia apunta hacia algo que está abajo. Francesca se inclina para verlo y Alessia la empuja por encima del barandal para matarla.*

*Se oye un golpe seco. Sonriendo, Alessia camina a través del corredor hacia la derecha del escenario, para volver al estudio.*

ALESSIA:  Papá, quizás pueda pintar algunas de las flores de Francesca que están cerca del balcón. Dijiste que mi cuadro necesitaba algo de color. ¿Podrías venir afuera y decirme qué colores crees que estarían bien?

VITTORIO: Claro.

ALESSIA:  Espera, Papá, hace un poco de frío allá afuera. Déjame ir por mi mantón rojo.

*Vittorio cruza hacia el balcón a la izquierda del escenario. Alessia se pone su mantón y lo sigue.*

VITTORIO: Mira, Alessia, estas flores combinarían perfecto con... ¿Qué estás haciendo? ¡No!

*Alessia rodea con los brazos la cintura de su Papá y, tirando fuerte, pasan por arriba del barandal y caen. Se oye un golpe fuerte y seco.*

*Pintura al fondo del escenario: Asmodea.*

*Las luces se apagan.*

## Escena 4

*Las luces iluminan el estudio. Han pasado unas horas.
Un policía contempla una pintura de un balcón gris, mira
al público y vuelve a mirar la pintura. La pone en el piso
y ve un lienzo pegado al reverso.*

*Pintura al fondo del escenario: Asmodea.*

*Mira a la pintura de Alessia y luego mira la pintura de
Asmodea que está al fondo del escenario.*

*Las luces se apagan y se vuelven a encender.*

*La pintura de Asmodea al fondo y la pintura de Alessia
tienen cosas escritas con garabatos por todas partes.*

POLICÍA:  (*leyendo en voz alta*)
           Juntos para siempre. Asmodea y Leocadia.

*Las luces se apagan lentamente.*

# Volver al principio

## Personajes

PATTY, una mujer al inicio de sus treintas

MUJER EMBARAZADA

ENFERMERA, una mujer en sus veintes

NIÑA PATTY, una niña de cinco años

MAMÁ JOVEN, una mujer a mitad de sus treintas

JOVEN PATTY, una niña de once años

MAMÁ, una mujer a la mitad de sus cincuentas

PSICÓLOGO, un señor en sus sesentas

VECINA, una mujer a la mitad de sus sesentas.

TRABAJADORA SOCIAL, una mujer en sus cuarentas

NIÑA BEBÉ, una bebé de unos cuantos meses

SUSAN, una mujer en sus treintas

## Ubicación

Un pequeño pueblo de Iowa.

## Fecha

En la actualidad.

# ACTO I

## Escena 1

*Las luces iluminan la sala de un hospital psiquiátrico. Patty está sentada cerca de una ventana junto a una mujer embarazada. Patty descansa su cabeza sobre el vientre de una mujer embarazada.*

*Una enfermera entra con una bandeja en la que lleva un vaso de agua y píldoras.*

ENFERMERA: Patty, tómate tu medicina.

*Patty voltea con la mirada perdida y no contesta. La enfermera le pone la medicina a Patty en la boca y le da un trago de agua. Patty sigue con la mirada perdida.*

*Las luces se apagan.*

# Escena 2

*Las luces se encienden. La Niña Patty está en la casa de su mamá.*

NIÑA PATTY: Mamá, ¿por qué no puedo ir a la escuela? Los otros niños del pueblo sí van.

MAMÁ JOVEN: Yo te puedo dar clases aquí en casa.

NIÑA PATTY: ¡Pero yo quiero tener amigas, Mamá!

MAMÁ JOVEN: Yo puedo ser tu amiga.

NIÑA PATTY: Pero tú ya eres grande. Quiero amigas de mi edad, como mi prima, Susan.

MAMÁ JOVEN: La familia de Susan se fue a vivir a otra parte.

NIÑA PATTY: Si fuera a la escuela, tendría amigos de la misma edad de Susan.

MAMÁ JOVEN: Patty, el mundo está lleno de gente mala. No quiero que te pase nada malo. ¿Qué haría yo sin ti? Eres mi única amiga.

NIÑA PATTY: De acuerdo, Mamá. Tú eres mi amiga grande también.

*Mientras su Mamá se mueve por la habitación haciendo el quehacer, la niña Patty la sigue tomada de su vestido.*

*Las luces bajan de intensidad y se vuelven a encender para mostrar el paso del tiempo.*

*La Mamá pasa el tiempo en casa, con la Niña Patty tomada de su brazo.*

NIÑA PATTY: Mami, me gusta estar contigo todo el tiempo.

MAMÁ:　(*besando su mejilla*)
　　　　Qué bien, somos un equipo.

NIÑA PATTY: Mami, ¿dónde está mi Papá? Nunca lo he visto.

MAMÁ:　Después de que tú nacieras, dijo que yo solo tenía tiempo para ti, así que se fue.

NIÑA PATTY: Qué bueno que se fue. Así no te tengo que compartir con nadie.

*Las luces se apagan.*

# Escena 3

*Las luces se encienden. Patty y el psiquiatra están en el consultorio de este en el hospital psiquiátrico.*

PSIQUIATRA: Patty, ¿qué puedes decirme de tu vida cuando eras niña?

PATTY:  Mi Mamá era mi única amiga. Todo lo hacíamos juntas. Solía decirme que éramos amigas íntimas. Yo creo que éramos codependientes.

PSIQUIATRA: (*escribiendo en su libreta*) Cuéntame de tu esposo.

PATTY:  Yo creo... Sí, yo creo que lo amaba más de lo que él me amaba a mí. Estuvimos casados diez años y después me abandonó. (*comienza a llorar*) Pero me dio el regalo más hermoso que jamás hubiera podido recibir: mi hija.

*Las luces se apagan.*

# Escena 4

*Las luces se encienden. La Mamá de Patty y Patty están en la cocina, en la casa de la primera.*

PATTY: Mamá, te quiero. Me voy a casar. Por favor, no te preocupes. No te voy a dejar. Están vendiendo la casa de al lado. La vamos a comprar.

MAMÁ: Bien, eso está bien, pero ¿estás segura de que siempre vamos a estar juntas?

PATTY: Sí, Mamá. Me voy a casar, pero vamos a estar siempre juntas y tú vas a ser mi mejor amiga.

*Las luces se apagan.*

## Escena 5

*Las luces se encienden. La Mamá de Patty y Patty están en el cuarto de estar de la primera unos años más tarde.*

PATTY: Mamá, mi esposo me abandonó. Estoy triste porque de verdad lo quería.

MAMÁ: ¿Qué pasó? Yo creía que eran felices juntos.

PATTY: Yo lo quería...

MAMÁ: ¿Por quién te dejó?

PATTY: Por la botella. Era alcohólico. Nunca te lo dije. Lo único bueno es que estoy embarazada.

MAMÁ: Entre las dos vamos a cuidar al bebé. Vente a vivir conmigo. Seremos equipo, igual que cuando eras chica.

PATTY: Sí, Mami. Yo te voy a cuidar y vas a ver cómo pronto te sientes mejor.

MAMÁ: Salte de esa casa. Está llena de malos recuerdos. Cierra la casa y deja encerrados en ella los malos recuerdos. Con el tiempo desaparecerán. Vente a vivir conmigo.

PATTY: Sí, Mami. Me voy a venir a vivir contigo. Te voy a ayudar con los quehaceres de la casa y pronto vas a estar bien. Ahora que lo pienso, yo creo que no voy a extrañar mucho a mi esposo. De todas formas, prácticamente ya no estaba en la casa.

MAMÁ:     Entiendo.

PATTY:    Mami, yo también te voy a cuidar. Si algo te pasara, simplemente no sabría cómo seguir viviendo.

*Abraza a su Mamá.*

MAMÁ:     Eres la hija perfecta. Solo saber que te voy a tener aquí me hace sentir mejor.

*Las luces se apagan.*

## Escena 6

*Las luces iluminan el cuarto de estar de la casa de la Mamá. Patty camina por el cuarto, consternada. Se oye el llanto de un bebé.*

PATTY: Mami, ¿por qué te tenías que morir? ¡Te extraño muchísimo! Me siento abandonada. Tú siempre dijiste que éramos un equipo. Sí, Mamá, ¡un equipo! Te fuiste. Estoy tan sola y tan llena de tristeza. No tengo esperanza para el futuro. Una parte de mí se fue contigo, Mami. Mami (*llorando*) te extraño muchísimo. No puedo hacer que vuelvas. Mami, Mami, en el momento en que te fuiste, mi alma se fue contigo. ¿Sabes cómo me siento? Siento que estoy al borde de un abismo... Todo está obscuro.

*Las luces se apagan.*

## Escena 7

*Las luces iluminan la oficina de un trabajadora social,
que está hablando con una vecina de Patty sentada
enfrente de su escritorio.*

VECINA: La madre y la hija se quedaron solas. Gente
muy buena: tranquila, limpia y amable.
Nunca molestaban a nadie. La hija, Patty,
vive en la casa de su Mamá.

TRABAJADORA SOCIAL: (*escribiendo*)
¿Y la Mamá?

VECINA: Murió hace poco. Patty tiene una bebé. La
bebé tiene solo unos meses. Lo que en
realidad me preocupó, fue el buzón de correo
que estaba desbordándose de
correspondencia. Varios periódicos estaban
esparcidos por el porche del frente. Siempre
habían sido gente muy limpia. Me preocupé
tanto, que decidí ir a la casa. Toqué en la
puerta principal y nadie respondió. Al día
siguiente fui a la casa y volví a tocar la
puerta. Otra vez nadie respondió, así que
rodeé la casa, llegué a la parte de atrás y me
asomé por una de las ventanas de la cocina.
Vi a Patty que estaba en el piso cerca de la
bebé. Al principio, creí que estaban muertas.
Estaba a punto de llamar al 911, cuando oí a
Patty gritando y pidiéndole a la bebé que le
diera de comer y que la cargara. Decidí

llamar a Servicios Familiares. Me dijeron que hablara con usted. Por eso estoy aquí.

TRABAJADORA SOCIAL: Muchas gracias. Vamos a investigar la situación inmediatamente.

*Las luces se apagan.*

# Escena 8

*Las luces iluminan el consultorio del Psiquiatra en el hospital para enfermedades mentales.*

PSIQUIATRA: Patty, te ves mejor hoy. Voy a seguir ayudándote, pero tú también me tienes que ayudar.

PATTY: Sí, Doctor. Extraño mucho a mi bebé.

PSIQUIATRA: Las autoridades tuvieron que quitarte a la bebé. Les dijeron que ponías a la bebé en el piso y que te acostabas junto a ella.

PATTY: ¡No recuerdo haber hecho eso!

PSIQUIATRA: La trabajadora social revisó el reporte de tu vecina para asegurarse de que estaba diciendo la verdad. Fue a tu casa y vio lo mismo que había visto tu vecina. Dijo que pudo oír tu voz, pero que se escuchaba como la voz de una niña. Estuvo ahí parada durante casi una hora y escuchó tu voz de niña una y otra vez, pidiéndole a tu bebe que te diera de comer y que te cargara. Por eso, Patty, tuvimos que quitarte temporalmente a tu bebé. No te preocupes, está en buenas manos.

PATTY: Por favor, Doctor, quiero que me devuelvan a mi bebé ahora mismo. Entonces es cuando voy a estar bien.

PSIQUIATRA: Patty, cuando estabas con la bebé, ella no estaba bien. Lo que estabas haciendo, al final, podría ser perjudicial para su desarrollo y salud en general.

PATTY: Doctor, no recuerdo todas esas cosas que la vecina y la trabajadora social le dijeron. Yo amo a mi bebé y la cuido bien. En una ocasión, creo que me desperté de una siesta con mi bebé a un lado sobre una manta suave. Se me hace que me quedé dormida con mi bebé en el piso, en lugar de en la cama. ¿Qué tiene eso de malo, Doctor?

PSIQUIATRA: Patty, esto es más serio de lo que crees. ¿Por qué le pedías a tu propia bebé que te diera de comer y que te cargara?

PATTY: ¡Yo no hice eso!

PSIQUIATRA: Eso es lo que nos preocupa, Patty. El hecho de que no recuerdas estos episodios. De hecho, se dieron varias veces. Estos episodios los presenciaron tu vecina y la trabajadora social. Patty, de alguna forma, estabas actuando como si tú fueras la bebé y la bebé fuera tu mamá.

PATTY: (*nerviosa*)
Doctor, ¡eso es absurdo! Yo sé bien que yo soy la mamá y ella es mi bebita.

PSIQUIATRA: Pero, durante estos episodios, cuando estabas en el piso al lado de la bebé, por alguna razón, te convertiste en el bebé y la bebé se convirtió en tu mamá. Patty, a esto lo llamamos regresión oral y sobreidentificación. De alguna forma, tu mente te está engañando para que puedas recuperar lo que perdiste. No recuerdas estos incidentes, porque no sabes qué es lo que los está causando. Patty, otra cosa que me preocupa es el reporte que recibí de las enfermeras de tu sala. Dicen que, cuando fuiste admitida por primera vez en el hospital, te sentaste cerca de una mujer embarazada y que apoyaste tu cabeza sobre su abdomen. Patty, necesitamos solucionar eso.

PATTY:     No recuerdo haber hecho eso.

PSIQUIATRA: Una vez que lo hayamos hecho, podrás tener otra vez a tu bebé.

PATTY:     Oh, gracias. Pondré lo mejor de mi parte.

*Las luces se apagan.*

# Escena 9

*Las luces se encienden. Una luz ilumina solo al Psiquiatra. Le está hablando a un grupo de enfermeras.*

PSIQUIATRA: Muchas gracias por venir. Su director quiere que les hable de un caso que tenemos en estos momentos aquí en el hospital. Ustedes saben quién es Patty. Sospecho que Patty tuvo una intensa y pero satisfactoria, relación simbiótica con su Mamá. Es interesante que los episodios psicóticos nunca se presentaron, sino hasta que su bebé tuvo unos meses. Fue aproximadamente en la misma época en que murió su Mamá. Patty era evidentemente prepsicótica. Nunca desarrolló una auténtica psicosis hasta que murió su madre.

Estos episodios eran transitorios, más que recurrentes. Los episodios de psicosis evidentemente se presentaban cuando se ponía a pensar en la pérdida de su mamá. Esto fue tan estresante, que no pudo afrontar el hecho de forma natural, de forma que su ego regresaba a su etapa oral de desarrollo. Entonces aparecían los delirios y las alucinaciones. Las percepciones son falsas creencias o ideas sobre algo. Las alucinaciones son falsas experiencias sensibles. En el caso de Patty, las alucinaciones eran visuales. Veía a la bebé como una reencarnación de su propia madre ya fallecida. Al mismo tiempo, se presentan también la regresión oral y la sobreidentificación.

*El Psiquiatra se detiene y apunta a una enfermera, se lleva la mano al oído y hace una pequeña concha con ella para escuchar mejor.*

PSIQUIATRA: Sí, la sobreidentificación se da cuando el individuo con estrés se identifica con los dos elementos de una relación perdida. En este caso, Patty es un elemento de la relación perdida y su apego infantil a su madre es el otro elemento perdido. Como pueden ver, perdió a su madre y, al mismo tiempo, perdió también su apego infantil a ella. La única forma de recuperar ese apego fue una reacción psicótica.

*Las luces se apagan.*

# ACTO II

## <u>Escena 1</u>

*Las luces se encienden tres meses más tarde. Patty está sola en casa, abrazando a la bebé en sus brazos.*

PATTY: Estoy tan feliz de estar en casa, pero estoy comenzando a sentirme como aquella vez en que me vieron mi vecina y la trabajadora social. Necesito tener cuidado. Si no, me van a quitar otra vez a la bebé.

*Se oye que llaman a la puerta.*

PATTY: Mejor me escondo.

*Las luces se apagan.*

# Escena 2

*Las luces se encienden unos días más tarde. La trabajadora social está en el cuarto de estar de Patty.*

TRABAJADORA SOCIAL: Por favor, siéntate, vamos a hablar. Patty, en varias visitas te he encontrado en el piso haciendo ruidos extraños. Se han vuelto a presentar la regresión oral y la sobreidentificación. Ahora, estos episodios están durando más.

PATTY: *(abrazando a su bebé con fuerza)* ¿Está segura? ¿Cómo lo sabe?

TRABAJADORA SOCIAL: He estado aquí varias veces. La puerta de la cocina estaba abierta, entré y te vi. Lo siento, Patty, pero vamos a tener que quitarte a la bebé.

PATTY: ¡No, no me van a quitar a mi bebé! Yo cuido bien a mi niña.

TRABAJADORA SOCIAL: ¡Patty, dame a la bebé!

PATTY: ¡No!

TRABAJADORA SOCIAL: ¿Te das cuenta de que si dejo a la bebé aquí, puede suceder un marasmo?

PATTY: Yo no sé qué es eso. Yo solo sé que soy una buena mamá. ¡Váyase de aquí! ¡Déjeme sola!

TRABAJADORA SOCIAL: Siéntate, Patty. Déjame explicarte qué es un marasmo.

PATTY: No me interesa saberlo. Por favor, déjenos en paz.

TRABAJADORA SOCIAL: Por favor, Patty, escúchame. Marasmo es la pérdida gradual de tejidos corporales junto con una mayor predisposición a contraer enfermedades debido a la falta de nutrición y a la falta de amor materno. Me doy cuenta de que la bebé ya perdió peso. La bebé necesita una adecuada interacción social y emocional. Me da pena decirlo, pero la bebé no está teniendo eso. Me tengo que llevar otra vez a la bebé.

PATTY: Yo sí le tengo amor materno a mi hija. Ella es todo para mí.

TRABAJADORA SOCIAL: Patty, debido a tu enfermedad, los episodios psicóticos te están causando distorsiones de tiempo y espacio. Puedes percibir el tiempo de manera deformada y no saber cuánto tiempo has dejado a la bebé en el piso. Puedes creer que estás alimentándola regularmente, pero te equivocas. La niña necesita recibir sus alimentos de forma regular, que la carguen y que le muestren cariño a menudo.

PATTY: (*llorando*)
Amo a mi bebé. La amo.

TRABAJADORA SOCIAL: Patty, por favor, dame a la bebé.

PATTY:     ¿Van a cuidar bien a mi hermosa bebé? (*acariciándola*)

TRABAJADORA SOCIAL: Sí.

*Las luces se apagan.*

## Escena 3

*Las luces iluminan el salón de estar de Patty. Patty camina por la habitación.*

PATTY: No tengo a la bebé para que me ayude. No me puedo acostar y hablar con ella. Extraño el apego a mi mamá. Si mi bebita estuviera aquí, pero no está... Me pregunto, ¿se convirtió mi bebé en mi Mamá? No quiero ver a nadie. Si mi vecina viene, voy a hacer como si no hubiera nadie en casa. La trabajadora social me preguntó si me sentía sola. Le dije que estaba sola, pero que no me sentía sola... Creo que estoy haciendo un viaje. ¡Sí! Sí, debo cerrar todas las cortinas porque me molesta la luz del día.

*Cierra las cortinas.*

PATTY: Me gusta la oscuridad de la noche cuando me envuelve totalmente. Me siento en mi silla favorita. Tomo dos almohadas y la aprieto contra mi vientre. Puedo sentir la suavidad del algodón contra mi cuerpo.

*Patty sale del escenario y vuelve con unas cacerolas llenas de agua. Las pone cerca de su silla favorita, cerca de la televisión, y sumerge en ellas las manos y los pies.*

PATTY: Tengo que ver la repetición de *Guardianes de la bahía*. (*le dice a la televisión*) Salvavidas, ustedes no son necesarios. ¡Dejen a la gente en paz! Si pudiera, saltaría por la pantalla de la televisión para sumergirme en esa hermosa y cristalina agua. Necesitaría nadar muy rápido para que los salvavidas no pudieran alcanzarme.

*Se oye un golpe en la puerta.*

PATTY:   (*gritando*)
¡No me molesten!

*Se calma.*

PATTY:   La obscuridad y mis pies sumergidos en el agua me dan mucha paz mental. Tengo que volver. Me estoy preparando para un viaje. Mi camino está comenzando. Sí, ahora debo meterme a la tina.

*Se levanta.*

PATTY:   Cuando siento el agua golpeando mi cuerpo, siento un maravilloso entusiasmo y alegría. Me vuelve loca. Sumerjo la cabeza y la saco solo para respirar. En el agua, experimento una completa alegría..., felicidad. Algunas veces me quedo en la tina por horas.

*Las luces se apagan.*

# Escena 4

*Las luces se encienden. La vecina está hablando con la trabajadora social.*

VECINA: Estoy muy preocupada. Tengo varias semanas sin ver a Patty. Nadie ha cortado el pasto y las ramas del árbol casi cubren la casa como un paraguas gigante. Parece como si la naturaleza se hubiera apoderado de la casa. Tengo miedo de que Patty se haya vuelto demasiado solitaria y ensimismada, podría suicidarse.

TRABAJADORA SOCIAL: Gracias por la información. Voy a llamar a la Policía para que investigue. ¿Tiene algo más qué decirme?

VECINA: Hace años, un familiar de Patty solía traer a su hija para que jugara con ella. Creo que se mudaron a un pequeño pueblo al norte.

TRABAJADORA SOCIAL: Déjeme revisar el expediente de la familia. Gracias.

*Las luces se apagan.*

# Escena 5

*Las luces iluminan el baño de Patty. Patty está acostada dentro de la tina con la cabeza apoyada en el borde.*

VOZ DE SUSAN: ¡Patty! ¡Patty! Soy tu prima Susan. Acuérdate que jugábamos juntas y teníamos días de campo en el jardín de atrás. ¿Dónde estás, Patty?

*Susan entra al baño.*

SUSAN:    ¿Que estás haciendo en la tina con el agua casi cubriéndote?

*Patty la mira.*

SUSAN:    Soy yo, Susan. Patty, mírame. Sal de la tina. Acompáñame.

PATTY:    Lo siento, pero no puedo. Me estoy preparando para terminar mi camino.

SUSAN:    Sal de la tina. Déjame llevarte a donde vas.

PATTY:    (*hablando lentamente*)
Solo puedo llegar a mi destino a través del agua. Un coche no me puede llevar.

SUSAN:    ¿Qué quieres decir?

PATTY:    Lo entenderás cuando lleguemos.

*Las luces se apagan.*

# Escena 6

*Las luces iluminan el consultorio del Psiquiatra en el hospital para enfermedades mentales. Susan está molesta.*

SUSAN: Simplemente no entiendo por qué Patty saltó intencionalmente al río y se ahogó.

PSIQUIATRA: Primero, Susan, cuéntame cómo fueron las últimas horas de vida de Patty.

SUSAN: Bueno, por fin logré sacarla de la tina y fuimos a caminar por un camino junto al río donde solíamos jugar de niñas. Patty saltó desde una pared de piedra al agua. Traté de detenerla, pero se me resbaló. Es raro, pero parecía feliz. Estaba esbozando una sonrisa. Se hundió en el agua y... ¿Por qué se habrá suicidado?

PSIQUIATRA: Susan, no fue un suicidio. No quería morir. Todo lo contrario, quería vivir su vida en un ambiente tranquilo y sereno. Susan, dicho de otra forma, volvió al océano de la vida: el seno de su madre. Era la única forma en que podía encontrar paz. Vivió angustiada la mayor parte de su vida. A esto lo llamamos nacimiento primitivo o nacimiento de angustia. Esto sucede en el parto, pero algunos cuantos no logran superarlo. Patty, desafortunadamente, fue una de esos cuantos. Lo que hizo que su ansiedad llegara a esos extremos fue la pérdida de su madre y de su hija.

Susan, yo sé que en estos momentos estás triste. Pero la vida de Patty fue muy dolorosa, sobre todo los últimos años. Susan, ¿tú crees en el cielo?

SUSAN:    Sí, Doctor.

PSIQUIATRA: Bien, Susan, pues Patty ahora está en el cielo.

*Las luces bajan de intensidad.*